Peter F. Drucker
mit Jim Collins, Philip Kotler, James Kouzes,
Judith Rodin, V. Kasturi Rangan
und Frances Hesselbein

**Die fünf entscheidenden Fragen
des Managements**

Peter F. Drucker
mit Jim Collins, Philip Kotler,
James Kouzes, Judith Rodin,
V. Kasturi Rangan
und Frances Hesselbein

Die fünf entscheidenden Fragen des Managements

Deutsch von Marlies Feber

WILEY-VCH Verlag GmbH & Co. KGaA

1. Auflage 2009

Bibliografische Information der Deutschen Nationalbibliothek
Die Deutsche Nationalbibliothek verzeichnet diese Publikation in der Deutschen Nationalbibliografie; detaillierte bibliografische Daten sind im Internet über http://dnb.d-nb.de abrufbar.

Das englische Original erschien 2008 unter dem Titel *The Five Most Important Questions You Will Ever Ask About Your Organization* bei Jossey-Bass, A Wiley Imprint, San Francisco, USA.

Copyright © 2008 by Leader to Leader Institute.
All rights reserved.

www.leadertoleader.org

All rights reserved. This translation published under license.

© 2009 WILEY-VCH Verlag GmbH & Co. KGaA, Weinheim

Alle Rechte, insbesondere die der Übersetzung in andere Sprachen, vorbehalten. Kein Teil dieses Buches darf ohne schriftliche Genehmigung des Verlages in irgendeiner Form – durch Photokopie, Mikroverfilmung oder irgendein anderes Verfahren – reproduziert oder in eine von Maschinen, insbesondere von Datenverarbeitungsmaschinen, verwendbare Sprache übertragen oder übersetzt werden. Die Wiedergabe von Warenbezeichnungen, Handelsnamen oder sonstigen Kennzeichen in diesem Buch berechtigt nicht zu der Annahme, dass diese von jedermann frei benutzt werden dürfen. Vielmehr kann es sich auch dann um eingetragene Warenzeichen oder sonstige gesetzlich geschützte Kennzeichen handeln, wenn sie nicht eigens als solche markiert sind.

Printed in Hong Kong

Gedruckt auf säurefreiem Papier.

Satz: Kühn & Weyh, Satz und Medien, Freiburg

Druck und Bindung: Regal Printing Limited, Hong Kong

ISBN: 978-3-527-50451-0

Inhaltsverzeichnis

Vorwort 7

Über Peter F. Drucker 17

Warum Selbsteinschätzung? 23
  Peter F. Drucker

Frage 1: Was ist unsere Mission? 35
  Peter F. Drucker mit Jim Collins

Frage 2: Wer ist unser Kunde? 53
  Peter F. Drucker mit Philip Kotler

Frage 3: Worauf legt der Kunde Wert? 71
  Peter F. Drucker mit James Kouzes

Frage 4: Was sind unsere Ergebnisse? 89
  Peter F. Drucker mit Judith Rodin

Frage 5: Was ist unser Plan? 109
   Peter F. Drucker mit V. Kasturi Rangan

Transformative Führung 135
   Frances Hesselbein

Der Prozess der Selbsteinschätzung 145
   Peter F. Drucker

Zur Untersuchung empfohlene Fragen 149

Glossar 167

Zu den Mitwirkenden 171

Über das Leader to Leader Institute 173

Danksagungen 177

Ergänzende Quellen 179

Stichwortverzeichnis 183

Vorwort

Es wird oft gesagt, dass die einfachen Fragen am schwersten zu beantworten sind.

Aber wie kann das sein? Sagt uns nicht die Logik, dass einfache Fragen auch am leichtesten zu beantworten sein müssten? Nein. Einfache Fragen können tiefgründig sein, und ihre Beantwortung erfordert von uns umfassende und ehrliche – manchmal auch schmerzliche – Selbsteinschätzung. Wir erweisen unseren Organisationen – seien es private, öffentliche oder gemeinnützige – sowie unseren Kunden und schließlich uns selbst einen großen Bärendienst, wenn wir uns diese fünf simplen, doch tiefgründigen und grundlegenden Fragen nicht stellen, die zuerst von Peter F. Drucker formuliert wurden.

Wie Peter Drucker in der ersten Ausgabe von *The Five Most Important Questions You Will Ever*

Ask About Your Nonprofit Organization* bemerkte: »Der wichtigste Aspekt der Selbsteinschätzung sind die Fragen, die gestellt werden. Antworten sind wichtig; man braucht Antworten, um handeln zu können. Aber am wichtigsten ist es, diese Fragen zu stellen.«[1]

Vor mehr als 15 Jahren machte sich das Institut Leader to Leader auf eine Reise. Damals noch bekannt als die Stiftung für Management gemeinnütziger Unternehmen von Peter F. Drucker (*Peter F. Drucker Foundation for Nonprofit Management*), bestand der Auftrag darin, dem sozialen Sektor beim Erzielen von Spitzenleistungen und beim Aufbau sozialen Engagements zu helfen. Was wir von unseren Kunden immer gleich unausweichlich zu hören bekamen, als wir mit unserer Arbeit begannen, war die Frage: »Sie sagen, wir sollen Spitzenleistungen erzielen, aber wie wissen wir, wann wir es geschafft haben?« Damit begann unser Weg, gemeinsam mit unseren Kunden/Partnern ein strategisches Instrument der Selbsteinschätzung für Organisationen zu entwickeln.

* Im Weiteren; *Die fünf entscheidenden Fragen*

Eine Menge großartige Arbeit wurde geleistet von begeisterten Ehrenamtlichen, Mitarbeitern, Schulungsleitern und Organisationen bei der Zusammenarbeit, der Entwicklung, der Überprüfung, der Herausgabe und dem Vertrieb der ersten Ausgabe von *Die fünf entscheidenden Fragen*. Doch im Zentrum stand die betriebswirtschaftliche Philosophie von Peter F. Drucker. Wenn Peter Drucker Sie und Ihre Organisation heute besuchen würde, glauben wir, dass er dieselben Fragen stellen würde, die er vor mehr als 15 Jahren gestellt hat:

1. Was ist unsere Mission?
2. Wer ist unser Kunde?
3. Worauf legt der Kunde Wert?
4. Was sind unsere Ergebnisse?
5. Was ist unser Plan?

Diese fünf einfachen – doch komplexen und zwingenden – Fragen sind heute noch genauso essenziell und relevant wie damals. Diese Fragen sind als Instrument der Selbsteinschätzung einzigartig, und obwohl sie zuerst im Rahmen von Druckers Arbeit für den sozialen Sektor entwickelt wurden, können sie heute auf die meisten Organisationen angewendet werden. Dieses Buch ist ausgelegt auf die strategische Selbsteinschätzung von *Unternehmen*, nicht auf die Beurteilung von *Programmen* oder die Überprüfung *personenbezogener Leistungen*. Was ist unsere Mission? Hier wird gefragt, warum es dieses Unternehmen gibt – nach seinem Daseinszweck – nicht nach dem *Wie*. Die Mission begeistert, sie ist es, weswegen Ihr Unternehmen den Menschen in Erinnerung bleiben soll. Die sich anschließenden Fragen leiten Sie dann durch den Einschätzungsprozess, wie gut das Unternehmen diese Mission erfüllt, und endet mit einem messbaren, auf Ergebnisse fokussierten strategischen Aktionsplan, die Mission voranzutreiben, um, mit dieser Vision vor Augen, die Unternehmensziele zu erreichen.*

---

* *Anm. d. Verlags: Mission* wird hier nicht nur in einem politischen oder religiösen Kontext verstanden, sondern – auf Unternehmen und Organisationen bezogen – als Äquivalent zu einem bedeutungsvollen Auftrag, als eine übergreifende Zusammenfassung der Kerntätigkeit eines Unternehmens im Umfeld der Begriffe »Vision – Leitbild – Unternehmensphilosophie«.

Plan wird im Folgenden für Aktions- und Handlungspläne verwendet und soll nicht als festgeschriebene Strategie verstanden werden.

Die Nutznießer dieses sehr simplen Prozesses sind letztlich die Menschen oder Kunden, die mit Ihrer Organisation in Verbindung stehen oder mit anderen, die ähnlich wie Sie die mutige Entscheidung getroffen haben, bei sich selbst und ihrer Organisation genauer hinzuschauen, Stärken und Schwierigkeiten auszumachen, Veränderungen zu begrüßen, Erneuerungen voranzutreiben, Rückmeldungen von Kunden zu akzeptieren und auf sie einzugehen, außerhalb der Organisation nach Trends und günstigen Gelegenheiten Ausschau zu halten, Zielvereinbarungen voranzutreiben und messbare Ergebnisse zu fordern. Früher ruhten sich einige Organisationen einzig auf ihren guten Taten aus. Zukunftsträchtige Organisationen aber sind nur bedeutsam und können nur dann aufrechterhalten werden, wenn sie messbare Ergebnisse liefern.

Unser Selbsteinschätzungs-Instrument ist flexibel und anpassungsfähig. Bringen Sie es in jede beliebige Vorstands- oder Chefetage. Benutzen Sie es in jedem Sektor – im öffentlichen, privaten oder sozialen Bereich. Es spielt keine Rolle, ob die Organisation zu den 500 umsatzstärksten Unternehmen der Welt gehört, ein mittelständisches Startup-Unternehmen, eine große nationale Regierungsbehörde, ein börsennotiertes Unternehmen oder eine Organisation ist, die Ihrer Heimatstadt oder Landgemeinde dient, ob es eine milliardenschwere gemeinnützige Organisation oder ein Obdachlosenasyl mit einem Budget von 100 000 Dollar ist. Was zählt, ist das Bekenntnis zur Zukunft, das Engagement für den Kunden, die Begeisterung für die Mission und der volle Arbeitseinsatz. Selbstfindung ist eine beherzte und introspektive Reise, die Organisationen und Führungspersönlichkeiten die Energie und den Mut zum Wachsen verleiht.

Vor 15 Jahren war das Buch *Die fünf entscheidenden Fragen* mächtig, maßgeblich – das unverzichtbare Instrument für Organisationen, die sich Wachstum und Entwicklung auf die Fahnen geschrieben hatten, Organisationen der Zukunft. Peter Drucker und die damalige Drucker-Stiftung brachten ein Instrument zur Selbsteinschätzung auf den Markt, das maßgeschneidert in diesem Augenblick war, geschrieben im Kontext der damaligen Zeit – den frühen 1990er-Jahren.

In der vorliegenden Neuausgabe dieses unverzichtbaren Instruments haben wir den Kontext unserer heutigen Zeit berücksichtigt. Wir nähern uns einem neuen Jahrzehnt – mit einem anderen Kontext, einem anderen Hintergrund –, doch wiederum sind *Die fünf entscheidenden Fragen* grundlegend und maßgeblich und reagieren auf die Bedürfnisse von Führungskräften und Organisationen unserer Zeit. Und abermals weist der Vater des modernen Managements den Weg in die Zukunft.

Wir sind in allerhöchstem Maße dankbar für die großzügigen Beiträge von fünf der höchstangesehenen und geschätztesten Vordenker unserer Zeit:

- Jim Collins, der beschreibt, wie die Mission, der Auftrag eines Unternehmens die grundlegende Spannung zwischen Beständigkeit und Veränderung widerspiegelt, und wie Organisationen, deren

Anpassungsfähigkeit an Veränderungen besonders gut ist, wissen, was *nicht* geändert werden sollte.
- Philip Kotler, der uns ein besseres Verständnis dafür abverlangt, welches unsere Zielkunden sind, um diese dann wirklich zufriedenzustellen, anstatt irgendwie zu versuchen, jedem zu gefallen.
- James Kouzes, der darauf hinweist, dass alles, was vorbildliche Führungskräfte tun, mit Wertschaffung für ihre Kunden zusammenhängt.
- Judith Rodin, die erklärt, dass ein Plan erst dann als vollständig – oder als zufriedenstellend – betrachtet werden kann, wenn er messbare Ergebnisse produziert und Mechanismen enthält, die ergebnisbasierte Korrekturen während des Ablaufs zulassen.
- V. Kasturi Rangan, der beschreibt, was einen guten Aktionsplan ausmacht, und unterstreicht, wie wichtig das Kontrollieren der Planerfüllung und das Schließen

der Rückkopplungsschleife für den nächsten Planungszyklus ist.
Diese gut durchdachten Beiträge werden Sie inspirieren und aufklären, und wir sind sicher, dass Sie diese großzügigen Geschenke voller Weisheit, Erfahrung und intellektueller Energie ebenso dankbar annehmen werden wie wir. Das ursprüngliche Buch *Die fünf entscheidenden Fragen* entsprang der Weisheit und Erfahrung von Peter Drucker. Wir teilen abermals Peters Weisheit mit Ihnen und bereichern dieses Instrument mit den Gedanken dieser fünf großartigen Führungspersönlichkeiten. Wir sind Ihnen, unseren Lesern und Anhängern, unseren Mitreisenden auf dem Weg der unternehmerischen Selbstentdeckung, sehr dankbar.

Frances Hesselbein
Vorsitzende und Gründungspräsidentin
Präsidentin und CEO
Leader to Leader Institute
New York City

Anmerkungen

1 Peter F. Drucker, *The Five Most Important Questions You Will Ever Ask About Your Nonprofit Organization* (San Francisco: Jossey-Bass, 1993), S. 3.
2 Drucker, *The Five Most Important Questions*, S. viii.

Über Peter F. Drucker

Peter F. Drucker (1909–2005) – als weltweit führender Pionier der Management-Theorie angesehen – war Autor, Dozent und Unternehmensberater, der sich auf Strategien und Richtlinien für Unternehmen und Organisationen des sozialen Sektors spezialisiert hatte. Druckers Karriere umfasste beinahe 75 Jahre. Seine bahnbrechende Arbeit machte die moderne Management-Theorie zu einem seriösen Lehrfach. Er hat beinahe jede Facette ihrer Anwendung beeinflusst oder geschaffen, eingeschlossen Dezentralisierung, Privatisierung, Verantwortungsübertragung auf Mitarbeiter (Empowerment) und Verständnis des »Wissensarbeiters«. Er ist Autor von 31 Büchern, die in mehr als 20 Sprachen übersetzt wurden. 13 Bücher handeln von Gesellschaft, Wirtschaft und Politik; 15 handeln von Management. Zwei seiner Bücher sind Romane, einer davon ist autobiografisch, und er ist Mitverfasser eines Buchs über japanische Malerei. Er hat vier Reihen von Ausbildungsfilmen geschaffen, die auf seinen Management-Büchern basieren. Er schrieb Leitartikel für das *Wall Street Journal* und verfasste häufig Beiträge für den *Harvard Business Review* und andere Zeitschriften.

Drucker kam 1909 in Wien zur Welt und genoss dort und in England seine Erziehung. Er machte seinen Doktor in öffentlichem und internationalem Recht, während er als Zeitungsreporter in Frankfurt arbeitete. Er arbeitete danach als Ökonom für eine internationale Bank in London. Drucker zog 1933 nach London, um Hitler-Deutschland zu entfliehen, und nahm einen Job als Wertpapier-Analyst bei einer Versicherung an. Vier Jahre später heiratete er Doris Schmitz, und das Paar reiste 1937 in die Vereinigten Staaten.

Drucker bekam einen Teilzeit-Lehrauftrag am Sarah Lawrence College 1939 in New York. 1942 trat er dem Bennington College in Vermont als Professor für Politik und Philosophie bei. Ein

Jahr später stellte er seine akademische Karriere für zwei Jahre zurück, um die Management-Struktur bei General Motors zu studieren. Diese Erfahrung führte zu seinem Buch *Concept of the Corporation*, das in den USA und Japan sogleich zum Bestseller wurde und in dem er die Auffassung vertrat, dass große Unternehmen zu den prächtigsten Erfindungen der Menschheit gehören (die deutsche Ausgabe *Das Großunternehmen* erschien 1966). Mehr als zwanzig Jahre lang war er Professor für Managementlehre an der Graduate Business School der New York University. Er erhielt schließlich die höchste Ehre der Universität, die Ernennung zum Ehrenpräsidenten.

Drucker kam 1971 nach Kalifornien, wo er maßgeblich an der Entwicklung des ersten Programms für berufstätige Management-Absolventen an der Claremont Graduate University (damals bekannt als Claremont Graduate School) beteiligt war. Das Institut für Management wurde zu seinen Ehren 1987 in Peter F. Drucker Graduate School of Management umbenannt. Im Frühjahr 2002 gab er seine letzte Vorlesung.

Seine Kurse waren durchweg die meistbesuchten der gesamten Universität.

Als Berater spezialisierte Drucker sich auf Strategien und Richtlinien für Regierungen, Unternehmen und gemeinnützige Organisationen. Sein besonderes Augenmerk galt dem Aufbau und der Arbeit des Topmanagements. Er arbeitete mit einigen der weltweit größten Unternehmen und mit kleinen, rührigen Betrieben zusammen. In der letzten Zeit arbeitete er ausgiebig mit gemeinnützigen Organisationen, eingeschlossen Universitäten, Krankenhäuser und Kirchen. Er beriet eine Reihe von US-Regierungsbehörden und arbeitete mit den Regierungen von Kanada, Japan, Mexiko und anderen Nationen überall in der Welt zusammen.

Peter Drucker ist in den Vereinigten Staaten und im Ausland als wegweisender Vordenker, Fachautor und Dozent für zeitgemäße Organisationen bejubelt worden. Druckers Arbeit hat in den letzten 60 Jahren großen Einfluss auf moderne Organisationen und deren Management ausgeübt. Geschätzt für seinen Tiefblick und die Fähigkeit, seine Ideen in allgemeinverständlicher Sprache auszudrücken, hat Drucker oft Maßstäbe in der Managementlehre gesetzt. Im Zentrum seiner Philosophie steht die Überzeugung, dass Menschen die wertvollste Ressource einer Organisation sind und dass die Aufgabe einer Führungskraft darin besteht, Menschen auf Leistung vorzubereiten und ihnen den Freiraum dafür zu geben. 1997 erschien er auf dem Titelblatt der Zeitschrift *Forbes* unter der Schlagzeile: »Still the youngest Mind« (Immer noch der jüngste Kopf), und die Zeitschrift *BusinessWeek* nannte ihn den »beständigsten Management-Vordenker unserer Zeit.«

Am 21. Juni 2002 wurde Peter Drucker, dem Autor von *The Effective Executive* (dt.: *Die ideale Führungskraft*, 1967) und *Management Challenges for the 21st Century* (dt.: *Management im 21. Jahrhundert*, 1999), mit der *Presidential Medal of Freedom* die höchste zivile Auszeichnung der USA verliehen.

Drucker erhielt Ehrendoktortitel zahlreicher Universitäten rund um die Welt, unter anderen den Vereinigten Staaten, Belgien, der Tschechoslowakei, Großbritannien, Japan, Spanien und der Schweiz. Er war Ehrenpräsident des Leader to Leader Institute. Er verstarb am 11. November 2005 im Alter von 95 Jahren.

Warum Selbsteinschätzung?

Peter F. Drucker

Millionen Ehrenamtliche, die für gemeinnützige Institutionen arbeiten, leben jeden Tag beispielhaft das Bekenntnis zu verantwortungsvoller Bürgerschaft in der Gemeinschaft vor. In der Tat, gemeinnützige Organisationen sind von zentraler Bedeutung für die Lebensqualität, und sie sind das hervorstechendste Merkmal.[1]

Vor vierzig Jahren klang das Wort Management in den Ohren der Gemeinnützigen sehr schlimm. Management bedeutete *business*, und das Einzige, was eine gemeinnützige Organisation nicht war, war ein *business*. Heute verstehen die Gemeinnützigen, dass sie umso mehr Management brauchen, weil sie im herkömmlichen Sinn keinen Gewinn machen müssen. Jetzt müssen sie lernen, wie Management genutzt werden kann, damit sie sich noch besser auf ihre Mission konzentrieren können. Doch es sind nur wenige Instrumente verfügbar, die auf die besonderen Merkmale und die zentralen Bedürfnisse von vielen gemeinnützigen Organisationen ausgerichtet sind.[2]

Obwohl ich kein einziges gewinnorientiertes Unternehmen kenne, das so gut geführt wird wie einige der gemeinnützigen, kann die große Mehrzahl der Gemeinnützigen bestenfalls als »befriedigend« eingestuft werden. Nicht aus Mangel an Bemühung; die meisten von ihnen arbeiten sehr hart. Aber aus Mangel an Fokussierung, und aus Mangel an Hilfsmittel-Kompetenz. Ich sage jedoch voraus, dass sich dies ändern wird, und wir von der *Drucker Foundation* [heute: *Leader to Leader Institute*] hoffen, dass wir in diesen Bereichen der Fokussierung und Hilfsmittel-Kompetenz die größte Wirkung erzielen.[3]

Jahrelang befanden sich die Gemeinnützigen im Glauben, dass gute Intentionen an sich ausreichten. Aber heute wissen wir, dass gerade weil wir unterm Strich nichts haben müssen, wir besser als gewinnorientierte Unternehmen wirtschaften müssen. Wir brauchen Disziplin, die in unserer Mission wurzelt. Wir müssen mit unseren begrenzten Ressourcen an Menschen und Geld maximale Effektivität erzielen. Und wir müssen die Leistungsbewertung unserer Organisationen sehr gut durchdenken.[4]

Die fünf entscheidenden Fragen

Das *self-assessment*, die Selbsteinschätzung, ist eine Methode, um zu beurteilen, was man tut, warum man es tut und was man tun *muss*, um die Leistung einer Organisation zu verbessern. Dabei werden fünf grundlegende Fragen gestellt: *Was ist unsere Mission? Wer ist unser Kunde? Worauf legt der Kunde Wert? Was sind unsere Ergebnisse?* und *Was ist unser Plan?* Selbsteinschätzung muss Handeln nach sich ziehen, sonst ist sie bedeutungslos. Um wachsende Bedürfnisse zu befriedigen und um in einer turbulenten und anspruchsvollen Umgebung erfolgreich zu sein, müssen Organisationen des sozialen Sektors sich auf ihre Mission fokussieren, das Übernehmen von Verantwortung demonstrieren und Ergebnisse erzielen.[5]

Das Instrument Selbsteinschätzung zwingt eine Organisation, sich auf ihren Auftrag zu konzentrieren. Etwa acht von zehn Gemeinnützigen sind kleine Organisationen, deren Leiter es sehr schwierig finden, nein zu jemandem zu sagen, der mit einer guten Sache bei ihnen vorstellig wird. Ich habe einigen guten Freunden von mir, die in örtlichen Kirchengemeinderäten arbeiteten, dazu geraten, die Hälfte der Dinge, die sie bisher getan haben, in Zukunft zu lassen – nicht weil sie unwichtig waren, sondern weil sie unnötig waren. Ich sagte ihnen: »Dies können andere Leute übernehmen, und sie werden es gut machen. Vor ein paar Jahren war es vielleicht eine gute Idee, dass ihr diesem Bauernmarkt auf die Beine geholfen habt, weil jene vietnamesischen Bauern bei euch in der Gegend einen Ort brauchten, um ihre Produkte zu verkaufen; aber er läuft mittlerweile gut, und ihr müsst ihn nicht mehr betreiben. Es ist an der Zeit, sich organisiert aus der Verantwortung zurückzuziehen.«[6]

Sie können nicht bei der richtigen Ergebnisbestimmung ankommen ohne maßgeblichen Input Ihrer Kunden – und bitte lassen Sie uns nicht über den Begriff »Kunde« debattieren. Im Geschäftsleben ist ein Kunde jemand, den man zufriedenstellen muss. Wenn man es nicht tut, erzielt man keine Ergebnisse. Und sehr bald hat man kein Geschäft mehr. In einer gemeinnützigen Organisation, ob man den Kunden nun als Schüler, Patienten, Mitglied, Teilnehmer, Freiwilligen, Spender oder wie auch immer bezeichnet, muss das Augenmerk darauf gerichtet sein, was diese Individuen und Gruppen schätzen – auf die Befriedigung ihrer Bedürfnisse, Hoffnungen und Sehnsüchte.[7]

Die Gefahr liegt darin, dass Sie auf Grundlage dessen handeln, was *Ihrer Meinung nach* den Kunden befriedigt. Sie werden unvermeidlich falsche Vermutungen anstellen. Die Antworten zu erraten, das sollte die Leitung einer Organisation noch nicht einmal versuchen; sie sollte immer zu den Kunden gehen und systematisch nach diesen Antworten suchen. Und so, im Prozess der Selbsteinschätzung, werden Sie eine dreiseitige Unterhaltung mit Ihrem Vorstand, den Mitarbeitern und Kunden führen und jede dieser Perspektiven in Ihre Diskussionen und Entscheidungen mit einbeziehen.[8]

Planung ist keine Maßnahme

Wenn Sie den Selbsteinschätzungsprozess bis zum Abschluss bringen, werden Sie einen ausgestalteten Aktionsplan haben. Planung wird häufig als das Treffen zukünftiger Entscheidungen missverstanden, aber Entscheidungen existieren nur in der Gegenwart. Sie müssen übergreifende Ziele haben, die auf eine Zukunftsvision hinauslaufen, aber die unmittelbare Frage, vor der eine Organisation steht, lautet nicht, was morgen zu tun ist. Die Frage lautet: Was müssen wir *heute* tun, um Ergebnisse zu erzielen? Planung ist keine Maßnahme. Es ist ein fortwährender Prozess der Stärkung dessen, was funktioniert und der Aufgabe dessen, was nicht funktioniert, es ist das Eingehen riskanter Entscheidungen mit dem größten Wissen über die potenziellen Auswirkungen, es ist das Festlegen von Zielen, das Auswerten von Leistungen und Ergebnissen durch systematisches Feedback und die ständige Neuausrichtung, wenn die Bedingungen sich ändern.[9]

Konstruktiven Dissens fördern

Alle Entscheidungsträger ersten Ranges, die ich beobachtet habe, befolgten eine sehr einfache Regel: Wenn es einen schnellen Konsens in einer wichtigen Sache gibt, triff die Entscheidung nicht. Allgemeine Zustimmung bedeutet, dass keiner seine Hausaufgaben gemacht hat. Die Entscheidungen der Organisation sind wichtig und riskant, und sie *sollten* kontrovers diskutiert werden. Es gibt eine sehr alte Redensart – sie geht auf Aristoteles zurück und wurde später ein Grundsatz der frühen christlichen Kirche: In den wesentlichen Dingen Einheit, im Handeln Freiheit und bei allen Dingen Vertrauen. Vertrauen ermöglicht, dass abweichende Meinungen offen hervorgebracht werden.[10]

Gemeinnützige Organisationen brauchen eine gesunde Atmosphäre der offenen Meinungsäußerung, wenn sie Innovation und Engagement fördern wollen. Gemeinnützige müssen ehrliche und konstruktive Meinungsverschiedenheiten ermutigen, gerade weil jedermann sich einem guten Zweck verschrieben hat: Aus: »Deine Meinung steht gegen meine« kann sonst leicht: »Dein guter Glaube gegen meinen« werden. Ohne angemessene Ermutigung tendieren Menschen dazu, schwierige, doch unerlässliche Diskussionen zu vermeiden und sie zu unterschwelligen Fehden werden zu lassen.[11]

Ein weiterer Grund, Meinungsverschiedenheiten zu unterstützen, ist, dass jede Organisation ihre Nonkonformisten braucht. Dies ist nicht die Art von Mensch, der sagt: »Es gibt einen richtigen und einen falschen Weg – und unseren Weg.« Eher sagt er oder sie: »Welches ist der richtige Weg *für die Zukunft*?« Und er wird bereit für Veränderungen sein. Schließlich enthüllt eine offene Diskussion auch, welche Einwände es gibt. Mit echter Partizipation muss eine Entscheidung nicht »verkauft« werden. Ratschläge können eingearbeitet werden, Einwände berücksichtigt, und die Entscheidung selbst wird zu einer Verpflichtung zum Handeln.[12]

Eine Gesellschaft von Bürgern für morgen schaffen

Ihr Bekenntnis zur Selbsteinschätzung ist ein Bekenntnis dazu, für sich selbst und Ihre Organisation eine führende Rolle zu entwickeln. Sie werden Ihre Vision erweitern, indem Sie Ihren Kunden zuhören, einen konstruktiven Dissens fördern und auf die weitreichenden Veränderungen in der Gesellschaft schauen. Es liegen wichtige Entscheidungen vor Ihnen: Ob das Leitbild geändert wird; ob Programme, die ihre Nützlichkeit überlebt haben, aufgegeben werden, um Ressourcen auf andere Bereiche zu konzentrieren; wie Sie mit Ihrer Kompetenz und Ihrem Engagement Chancen wahrnehmen können; wie Sie Gemeinschaft aufbauen und Leben verändern können. Selbsteinschätzung ist die erste Handlungsanforderung für Leadership: ständig neu fokussieren, ständig neu scharf stellen, nie wirklich zufrieden sein. Und dies tun Sie am besten dann, wenn Sie erfolgreich sind. Wenn Sie warten, bis es abwärts geht, wird es sehr schwierig.[13]

Wir erschaffen die bürgerliche Gesellschaft von morgen durch den sozialen Sektor, durch *Ihre* gemeinnützige Organisation. Und in dieser Gesellschaft ist jeder ein *Leader*, jeder ist verantwortlich, jeder handelt. Daher sind Mission und Leadership nicht nur Dinge, von denen man liest, von denen man hört; es sind Dinge, die *getan* werden wollen. Selbsteinschätzung kann und sollte gute Absichten und Fachwissen in effektives Handeln verwandeln – nicht nächstes Jahr, sondern morgen Früh.[14]

Anmerkungen

1 Peter F. Drucker, *The Five Most Important Questions You Will Ever Ask About Your Nonprofit Organization* (San Francisco: Jossey-Bass, 1993), SAT1: S. 2.
2 Drucker, *The Five Most Important Questions*, S. 2.
3 Drucker, *The Five Most Important Questions*, S. 2.
4 Drucker, *The Five Most Important Questions*, S. 2.
5 Gary J. Stern, *The Drucker Foundation Self-Assessment Tool: Process Guide* (San Francisco: Jossey-Bass, 1999), SAT2PG: S. 4.
6 Drucker, *The Five Most Important Questions*, S. 3.
7 Stern, *The Drucker Foundation Self-Assessment Tool: Process Guide*, S. 4.
8 Stern, *The Drucker Foundation Self-Assessment Tool: Process Guide*, S. 4.
9 Stern, *The Drucker Foundation Self-Assessment Tool: Process Guide*, S. 4.
10 Peter F. Drucker, *The Drucker Foundation Self-Assessment Tool: Participant Workbook* (San Francisco: Jossey-Bass, 1999), SAT2: S. 5.
11 Drucker: *The Drucker Foundation Self-Assessment Tool: Participant Workbook*, S. 6.
12 Drucker: *The Drucker Foundation Self-Assessment Tool: Participant Workbook*, S. 6.
13 Drucker: *The Drucker Foundation Self-Assessment Tool: Participant Workbook*, S. 6.
14 Drucker: *The Drucker Foundation Self-Assessment Tool: Participant Workbook*, S. 6.

… **Frage 1**

Was ist unsere Mission?

Frage 1

Was ist unsere Mission?

Peter F. Drucker

- Was ist unsere gegenwärtige Mission?
- Vor welchen Herausforderungen stehen wir?
- Welche Chancen bieten sich uns?
- Muss unser Auftrag neu überdacht werden?

Jede Institution im sozialen Sektor dient der Aufgabe, etwas zu bewegen, sowohl im Leben des Einzelnen als auch in der Gesellschaft. Etwas zu bewegen, das ist die Mission – der Sinn und Zweck der Organisation und der Grund ihres Daseins. Jede der Millionen von gemeinnützigen Organisationen mag eine sehr unterschiedliche Mission haben, aber das Leben der Menschen zu verändern, ist dabei immer Ausgangspunkt und Ziel. Eine Mission kann nicht unpersönlich sein; sie muss eine tiefe Bedeutung haben, etwas sein, woran Sie glauben – etwas, von dem Sie wissen, dass es richtig ist. Eine grundlegende Führungsverantwortung ist es, sicherzustellen, dass jeder die Mission kennt, sie versteht und lebt.

Vor vielen Jahren setzte ich mich mit den Verwaltern eines größeren Krankenhauses zusammen, um die Mission der Notaufnahme zu durchdenken. Wie es die meisten Krankenhausverwalter tun, begannen sie mit der Feststellung: »Unsere Mission ist die Gesundheitsfürsorge.« Und das ist die falsche Definition. Das Krankenhaus kümmert sich nicht um die Gesundheit; das Krankenhaus kümmert sich um Krankheit. Wir brauchten lange, bis wir auf eine sehr einfache und (wie die meisten Leute dachten) allzu offensichtliche Aussage kamen, nämlich dass es die Notaufnahme gab, *um den Betroffenen Sicherheit zu geben*. Um diese Aufgabe gut zu erfüllen, musste man wissen, was wirklich los war. Und, zur Überraschung von Ärzten und Pflegepersonal, war die Aufgabe einer guten Notaufnahme in ihrer Gemeinde, acht von zehn Leuten zu sagen, dass eine Mütze Schlaf die beste Medizin für sie sei. »Ihre Nerven sind ein wenig überspannt.« Oder: »Das Baby hat Durchfall. Ja, das Kind hat Krämpfe, aber es ist nichts wirklich Ernstes.« Die Ärzte und Pfleger gaben Sicherheit.

Als wir das erarbeitet hatten, klang es erschreckend einleuchtend. Die Umsetzung der Mission in effizientes Handeln bedeutete, dass sich qualifiziertes Personal umgehend um die Patienten kümmerte, die die Notaufnahme aufsuchten. Das oberste Ziel lautete demnach, sich unverzüglich um jeden zu kümmern: weil dies die einzige Möglichkeit ist, Sicherheit zu geben.

Es sollte auf ein T-Shirt passen

Die effektive Bekundung einer Mission, das Leitbild, ist kurz und klar umrissen. Es sollte auf ein T-Shirt passen. Das Leitbild sagt, warum Sie das tun, was Sie tun, nicht, mit welchen Mitteln Sie es tun. Die Mission ist umfassend und dauerhaft, sie bringt Sie dazu, heute die richtigen Dinge zu tun und führt Sie in die Zukunft, so dass jeder in der Organisation sagen kann: »Was ich tue, trägt zur Erreichung des Ziels bei.« Also muss dieses Ziel eindeutig sein, und es muss inspirieren. Jedes Vorstandsmitglied, jeder Ehrenamtliche, jeder Mitarbeiter muss in der Lage sein, die Mission zu verstehen und zu unterstützen: »Ja. Das ist etwas, weswegen ich in Erinnerung bleiben möchte.«

Damit eine Mission wirkungsvoll ist, müssen Chancen, Kompetenzen und Engagement darauf abgestimmt sein. Jedes gute Leitbild spiegelt alle drei Komponenten wider. Man schaut zuerst auf die äußere Umgebung. Die Organisation, die innen beginnt und dann versucht, Orte zu finden, wohin sie ihre Hilfsmittel geben kann, wird sich selbst verschwenden. Vor allem wird sie sich auf das Gestern konzentrieren. Demografien verändern sich. Bedürfnisse wandeln sich. Man muss Tatsachen eruieren – Dinge, die bereits passiert sind –, die Herausforderungen und Chancen für die Organisation aufzeigen. Leadership hat keine Alternative, als die Zukunft zu antizipieren und zu versuchen, sie zu formen. Dabei sollte nicht vergessen werden, wo die eigenen Stärken und Kompetenzen liegen. Perfektion ist uns Sterblichen in diesen Dingen nicht gegeben, aber auch ohne göttliche Führung wird jeder selbst einzuschätzen wissen, wo die eigenen Chancen zu finden sind.

Schauen Sie auf den neuesten Stand der Technik, auf sich verändernde Bedingungen, auf den Wettbewerb, auf das Milieu der Mittelbeschaffung, auf Lücken, die geschlossen werden müssen. Das Krankenhaus wird keine Schuhe verkaufen, und es wird nicht in großem Umfang in die Erziehungsarbeit einsteigen. Es wird sich um die Kranken kümmern. Aber die genauen Zielvorgaben mögen sich ändern. Dinge, die von höchster Wichtigkeit sind, werden vielleicht jetzt gerade sekundär oder sehr bald völlig irrelevant. Mit den begrenzten Ressourcen, die Sie haben – und ich meine nicht nur Menschen und Geld, sondern auch Kompetenz – wo können Sie ansetzen und etwas in Bewegung bringen, einen Unterschied machen? Wo können Sie einen neuen Leistungsstandard setzen? Was ist für Ihr Engagement wirklich inspirierend?

Grundsätzliche Entscheidungen treffen

Ein warnender Hinweis: *Ordnen Sie die Mission nie dem Gewinnstreben unter.* Wenn es günstige Gelegenheiten gibt, die aber die Integrität der Organisation bedrohen, müssen Sie nein sagen. Andernfalls verkaufen Sie Ihre Seele. Ich wohnte einer Diskussion in einem Museum bei, dem die Schenkung eines bedeutenden Kunstwerks angeboten worden war, allerdings zu Konditionen, auf die sich kein renommiertes Museum einlassen konnte. Und doch sagten einige Vorstandsmitglieder: »Lassen Sie uns die Schenkung annehmen. Wir können die Bedingungen irgendwann ändern.« – »Nein, das ist skrupellos!«, antworteten die anderen, und das Kuratorium geriet über das Thema in Streit. Schließlich kamen sie überein, dass sie zu viel verlieren würden, wenn sie, um einem Spender gefällig zu sein, Abstriche bei Ihren grundlegenden Prinzipien machten. Dem Museum entgingen ein paar sehr schöne Skulpturen, aber die innersten Werte hatten an erster Stelle zu stehen.

Es immer wieder durchdenken

Was ist unsere Mission? Das ist die zentrale Frage, die beim gesamten Prozess der Selbsteinschätzung über allem steht. Schritt für Schritt werden Sie Probleme und Chancen analysieren, Ihre Kunden bestimmen, in Erfahrung bringen, worauf diese Wert legen und Ihre Ergebnisse definieren. Wenn es an der Zeit ist, den Aktionsplan zu entwickeln, werden Sie alles, was Sie haben, mit der Mission abgleichen, um es zu bestätigen oder zu ändern.

Wenn Sie beginnen, denken Sie an diese wunderbare Aussage aus einer Predigt von John Donne, einem großen Dichter und religiösen Philosophen des 17. Jahrhunderts: »Beginne nie mit morgen, um die Ewigkeit zu erreichen. Die Ewigkeit wird nicht mit kleinen Schritten erreicht.« Wir beginnen auf lange Sicht, dann schalten wir zurück und fragen uns: Was tun wir heute? Der ultimative Test ist nicht die Schönheit des Leitbilds. Der ultimative Test ist Ihre Leistung.

Anmerkung

Der vorangegangene Text stammt aus: Peter F. Drucker, *The Drucker Foundation Self-Assessment Tool: Participant Workbook* (San Francisco: Jossey-Bass, 1999), SAT2, S.14–16.

Frage 1

Was ist unsere Mission?

Jim Collins

Was ist unsere Mission? Solch eine einfache Frage – aber sie trifft genau ins Zentrum der grundlegenden Spannung in jeder großen Institution: dem dynamischen Wechselspiel von Beständigkeit und Wandel. Es ist für jede wirklich großartige Institution typisch, das Wesentliche zu bewahren und doch Fortschritt anzuregen. Auf der einen Seite wird sie von grundsätzlichen Werten und Zielsetzungen geleitet – einer Kernmission, die sich im Laufe der Zeit wenig oder gar nicht verändert; und auf der anderen Seite regt sie zum Fortschritt an: Veränderung, Verbesserung, Innovation, Erneuerung. Der Kernauftrag bleibt bestehen, während Handlungsabläufe, kulturelle Normen, Strategien, Taktiken, Prozesse, Strukturen und Methoden sich als Antwort auf sich verändernde Realitäten kontinuierlich verändern. Tatsächlich besteht das große Paradox der Veränderung darin, dass die Organisationen, die sich am besten an die sich wandelnde Welt anpassen, zuerst und vor allem wissen, was sich *nicht* verändern sollten; sie haben fest verankerte Leitlinien, um die herum alles andere leichter verändert werden kann.

Sie kennen den Unterschied zwischen dem, was wirklich heilig ist und was nicht, zwischen dem, was nie verändert werden und dem, was immer offen für Veränderung sein sollte, zwischen dem, »wofür wir stehen« und dem, »wie wir die Dinge tun«.

Die besten Universitäten wissen zum Beispiel, dass das Ideal der Freiheit von Forschung und Lehre als leitender Grundsatz intakt bleiben muss, während die Betriebspraxis der Beschäftigungsdauer unvermeidlich Wandel und Neuregelung durchläuft. Die beständigsten Kirchen verstehen, dass die Kerngedanken der Religion unveränderlich sein müssen, während die spezifischen Praktiken und Örtlichkeiten des Gottesdienstes sich als Antwort auf die Realitäten jüngerer Generationen verändern.

Die Mission, so wie Drucker sie verstand, ist der Leim, der eine Organisation zusammenhält, wenn sie expandiert, dezentralisiert, globalisiert und Vielfältigkeit erlangt. Denken Sie an die Prinzipien des Judentums, die das jüdische Volk über die Jahrhunderte hinweg zusammenhielten ohne ein Heimatland, selbst als es in alle Winde in der Diaspora verstreut war. Oder denken Sie an die Wahrheiten, die in der US-amerikanischen Unabhängigkeitserklärung als selbstverständlich zum Ausdruck gebracht werden, oder an die beständigen Ideale der wissenschaftlichen Gemeinschaft, die Wissenschaftler aller Nationen verbinden mit dem gemeinsamen Ziel fortschreitender Erkenntnis.

Ihr Kernauftrag bietet Führung, nicht nur hinsichtlich dessen, was zu tun ist, sondern genauso hinsichtlich dessen, was *nicht* zu tun ist. Führungspersönlichkeiten im sozialen Sektor sind stolz darauf, »etwas Gutes« für die Welt zu tun, aber von größtmöglichem Nutzen zu sein, erfordert eine grimmige Konzentration darauf, Gutes *nur* dann zu tun, wenn es zu Ihrer Mission passt. Um das meiste Gute zu tun, muss das Drängen hin zu Streuverlusten mit einem klaren Nein beantwortet werden und die Disziplin aufgebracht werden, mit etwas aufzuhören, das nicht zur Mission passt. Als Frances Hesselbein die US-amerikanischen Pfadfinderinnen (Girl Scouts of the USA) leitete, wiederholte sie immer wieder ein simples Mantra: »Wir sind nur aus einem Grund hier: einem Mädchen dabei zu helfen, seine Möglichkeiten voll auszuschöpfen.« Unbeirrt steuerte sie die Pfadfinderinnen in Richtung der Aktivitäten – und nur der Aktivitäten – die dabei auf einzigartige und bedeutsame Weise von Wert für die Mitglieder sein konnten. Als eine Wohltätigkeitsorganisation die »Girl Scouts of the USA« zum Partner gewinnen wollte und sich ausmalte, wie ein Heer von lächelnden Mädchen von Haus zu Haus ziehen würde, um für die gute Sache zu werben, lobte Hesselbein deren Wunsch, etwas zu bewegen, lehnte aber höflich und bestimmt ab. Nur weil etwas eine »einmalige Gelegenheit« ist – selbst eine einmalige Gelegenheit der Mittelbeschaffung –, ist das nur eine Tatsache, nicht notwendigerweise ein Grund zum Handeln. Wenn eine großartige Gelegenheit nicht zu dem Auftrag Ihrer Organisation passt, dann muss die Antwort lauten: »Nein, danke.«

Die Frage nach dem Auftrag, nach der Mission ist womöglich noch wichtiger geworden, seit unsere Welt immer unruhiger wird und sich immer mehr aufzulösen scheint. Egal, wie sehr die Welt sich verändert, die Menschen haben immer noch das elementare Bedürfnis, ein Teil von etwas zu sein, auf das sie stolz sein können. Sie haben ein elementares Bedürfnis nach Leitwerten und Zielen, die ihrem Leben und ihrer Arbeit Sinn geben. Sie haben ein grundlegendes Bedürfnis danach, mit anderen Menschen in Verbindung zu treten und mit ihnen das gemeinsame Band von Überzeugungen und Sehnsüchten zu teilen. Sie haben ein verzweifeltes Bedürfnis nach einer Lebensanschauung, die sie leitet, nach einem Leuchtfeuer auf dem Berg, das in dunklen und unruhigen Zeiten in Sicht bleibt. Mehr als jemals zuvor in der Vergangenheit werden die Menschen in ihrem Handeln Selbstständigkeit einfordern – Freiheit plus Verantwortung – und gleichzeitig fordern, dass die Organisationen, denen sie angehören, für etwas *stehen*.

Frage 2

Wer ist unser Kunde?

Frage 2

Wer ist unser Kunde?

Peter F. Drucker

- Wer ist unser wichtigster Kunde?
- Wer sind unsere Nebenkunden?
- Wie werden sich unsere Kunden verändern?

Es ist nicht lange her, da war das Wort Kunde im sozialen Sektor nur selten zu hören. Vorsitzende von gemeinnützigen Einrichtungen sagten: »Wir haben keine Kunden. Das ist ein Begriff aus dem Marketing. Wir haben Klienten ... Empfänger ... Patienten. Wir haben Zuschauer. Wir haben Hörer.« Anstatt über die Wortwahl zu diskutieren, fragte ich dann: »Wer muss zufriedengestellt werden, wenn Ihre Organisationen erfolgreich sein will?« Wenn Sie diese Frage beantworten, definieren Sie Ihren Kunden als jemanden, der Ihre Dienstleistung schätzt, der das will, was Sie anbieten, und der glaubt, dass es wichtig für *ihn* ist.

Organisationen im sozialen Sektor haben zwei Arten von Kunden. Der *Haupt*kunde ist die Person, deren Leben durch Ihre Arbeit verändert wird. Effektivität erfordert Fokussierung, und das bedeutet *eine* Antwort auf die Frage: Wer ist unser zentraler Kunde? Jene, die in zu viele Richtungen davonjagen, erleiden Verluste, indem sie ihre Energien zerstreuen und ihre Effizienz schwächen. *Nebenkunden* sind Ehrenamtliche, Mitglieder, Partner, Geldgeber, Bezugsquellen, Angestellte und andere, die zufriedengestellt werden müssen. Dies sind alles Leute, die nein sagen können, Menschen mit der Wahlmöglichkeit, das, was Sie anbieten, anzunehmen oder abzulehnen. Nebenkunden können Sie vielleicht zufriedenstellen, indem Sie eine Chance bieten, sich in den Dienst von etwas Sinnvollem stellen zu lassen, indem Sie Spenden in Richtung von Ergebnissen lenken, an die Sie beide glauben oder indem Sie Kräfte bündeln, um Bedürfnisse der Gemeinschaft zu erfüllen.

Der Hauptkunde ist niemals der einzige Kunde, und einen Kunden zufriedenzustellen, ohne die anderen zufriedenzustellen, ist keine Leistung. Darum ist es sehr verführerisch zu sagen, dass es mehr als einen Hauptkunden gibt, aber effektive Organisationen widerstehen dieser Versuchung und halten an ihrer Fokussierung fest – **auf den Hauptkunden.**

Den Hauptkunden genau bestimmen

Lassen Sie mich Ihnen ein positives Beispiel der Identifizierung und der Konzentration auf den Hauptkunden in einem komplexen Szenario geben. Die Mission einer gemeinnützigen Organisation mittlerer Größe war es, *die wirtschaftliche und soziale Unabhängigkeit der Menschen zu steigern*. Es gibt 25 Programme in vier verschiedenen Bereichen, aber seit 35 Jahren konzentriert sich die Organisation auf nur einen Hauptkunden: *Menschen, bei denen einem Anstellungsverhältnis mehrere Hindernisse im Wege stehen*. Am Anfang waren damit die körperlich Behinderten gemeint. Heute sind immer noch Menschen mit Behinderungen gemeint, aber auch alleinerziehende Mütter, die nicht mehr von der Sozialhilfe abhängig sein wollen, ältere Arbeitnehmer, die entlassen wurden, Menschen mit chronischen und anhaltenden Geisteskrankheiten, die in der Gemeinde leben, und jene, die gegen langfristige Abhängigkeit von Suchtmitteln, wie Alkohol, Drogen und Medikamenten ankämpfen. Alle gehören zu einer einzigen Hauptkundengruppe: Menschen, bei denen einem Anstellungsverhältnis mehrere Hindernisse im Wege stehen. Ergebnisse werden bei jedem Programm daran gemessen, ob der Kunde jetzt in der Lage ist, eine produktive Arbeit zu bekommen und zu behalten.

Der Hauptkunde ist nicht notwendigerweise jemand, nach dem Sie die Hand ausstrecken können, jemand, mit dem Sie sich hinsetzen und mit dem Sie unmittelbar reden können. Hauptkunden sind vielleicht Babys, oder gefährdete Tierarten, oder Mitglieder einer zukünftigen Generation. Ob Sie nun in einen aktiven Dialog treten können oder nicht, das Identifizieren Ihres Hauptkunden stellt Ihre Prioritäten in die richtige Reihenfolge und gibt Ihnen einen Orientierungspunkt bei kritischen Entscheidungen bezüglich der Werte der Organisation.

Die Nebenkunden genau bestimmen

Die Pfadfinderinnen der Vereinigten Staaten von Amerika sind die größte Mädchen- und Frauenorganisation der Welt und eine gemeinnützige Organisation, die beispielhaft den Dienst an einem Hauptkunden – dem Mädchen – aufzeigt, zufriedenstellend abgestimmt mit vielen Nebenkunden, die sich im Laufe der Zeit alle geändert haben. Eine langfristige Priorität der Pfadfinderinnen ist es, jedem Mädchen in den Vereinigten Staaten gleichberechtigt den Beitritt zu gewähren. Dies hat sich seit 1912 nicht geändert, als die Gründerin sagte: »Ich habe hier etwas für alle Mädchen«. Frances Hesselbein, damals war sie nationale Geschäftsführerin (1976–1990), sagte zu mir: »Wir sehen uns die Prognosen an und wissen, dass bis zum Jahr 2000 ein Drittel der Menschen dieses Landes Minderheiten angehören werden. Viele Menschen sind sehr besorgt über die Zukunft und welche Bedeutung diese neue Zusammensetzung der Rassen und ethnischen Gruppen haben wird. Wir sehen es als eine beispiellose Chance, alle Mädchen mit einem Programm zu erreichen, das ihnen in den Jahren ihres Heranwachsens, die heutzutage so schwer sind wie nie zuvor, helfen wird.«

Einen sich wandelnden Hauptkunden zu erreichen, bedeutet eine neue Sicht auf Nebenkunden. Frances erklärte: »Bei einem Wohnprojekt von Pfadfinderinnen gibt es Hunderte von jungen Mädchen, die diese Art von Projekt wirklich brauchen, und Familien, die etwas Besseres für ihre Kinder wollen. Wenn wir Mädchen in jeder sozialen Schicht und ethnischen Gruppe erreichen wollen, ist es wichtig, die ganz besonderen Bedürfnisse, die Kultur, die Bereitschaft jeder Gruppe zu verstehen. Wir arbeiten mit vielen Nebenkunden: mit dem Geistlichen vielleicht, mit dem Direktor dieses Wohnprojektes, mit Eltern – einer Gruppe von Leuten aus dieser bestimmten Gemeinde. Wir stellen Leiter ein, schulen sie direkt vor Ort. Wir müssen unseren Respekt für diese Gemeinde demonstrieren, unser Interesse an ihr. Eltern müssen wissen, dass es eine positive Erfahrung für ihre Töchter sein wird.«

Ihre Kunden kennen

Kunden sind nie statisch. Es wird einmal eine größere Anzahl und dann wieder eine geringere Anzahl von ihnen in den Gruppen geben, die Sie bereits bedienen. Sie werden facettenreicher. Ihre Bedürfnisse, Wünsche und Hoffnungen werden sich entwickeln. Es mag gänzlich neue Kunden geben, die Sie zufriedenstellen müssen, um erfolgreich zu sein – Individuen, die Ihre Dienstleistung wirklich brauchen und wollen, aber nicht in der Art, wie sie bereits heute erhältlich ist. Und da gibt es Kunden, die Sie *nicht mehr* bedienen sollten, weil die Organisation ein Bedürfnis gestillt hat, weil den Menschen anderswo besser gedient werden kann oder weil Sie keine Erfolge erzielen.

Wer ist unser Kunde? Wenn wir diese Frage beantworten, so ist dies die Grundlage zur Bestimmung dessen, worauf die Kunden Wert legen, zur Definition von Erfolg und zur Entwicklung eines Aktionsplans. Und doch, selbst nach wohldurchdachten Überlegungen überraschen die Kunden Sie vielleicht; dann müssen Sie bereit sein sich anzupassen. Ich erinnere mich, dass einer meiner seelsorgerischen Freunde über einen neu angebotenen Kurs sagte: »Großartig, wir haben einen wunderbaren Kurs für frisch Verheiratete.« Der Kurs wurde tatsächlich zu einem Erfolg. Aber zur Bestürzung des jungen Hilfspastors, der ihn konzipiert hatte und ihn leiten wollte, meldete sich nicht ein einziges frisch verheiratetes Paar an. Alle Teilnehmer waren junge Leute, die zusammen lebten und sich fragten, ob sie heiraten sollten. Und der Hauptpastor hatte eine schreckliche Zeit mit seinem brillanten jungen Assistenten, der zunächst auf dem Standpunkt beharrte: »Für die ist er aber nicht gedacht!« Und die Anmeldungen nicht akzeptieren wollte.

Oft ist der Kunde Ihnen einen Schritt voraus. Also müssen Sie *Ihren Kunden kennen* – oder ihn schnell kennenlernen. Immer wieder müssen Sie sich fragen: Wer ist unser Kunde? Denn Kunden verändern sich ständig. Die Organisation, die sich dem Erfolg verschrieben hat – immer unter Berücksichtigung ihrer grundlegenden Integrität – wird sich anpassen und verändern, wenn die Kunden es tun.

Anmerkung

Der vorangehende Text stammt aus: Peter F. Drucker, *The Drucker Foundation Self-Assessment Tool: Participant Workbook* (San Francisco: Jossey-Bass, 1999), SAT2, S. 22–24.

Frage 2

Wer ist unser Kunde?

Philip Kotler

Peter Drucker sagte uns vor mehr als vierzig Jahren: »Der Zweck eines Unternehmens besteht darin, einen Kunden zu schaffen ... das einzige Profit-Center, d. h. der einzige Erfolgsbereich ist der Kunde.« Jack Welch, der frühere CEO von General Electric, zielte bei seinen Angestellten auf denselben Punkt: »Niemand kann Ihren Job garantieren. Nur Kunden können Ihren Job garantieren.«

Im Internet-Zeitalter, in dem die Kunden so viel mehr Informationen haben und täglich ihre Meinungen untereinander austauschen, werden die Unternehmen sich allmählich der Tatsache bewusst, dass sie einen neuen Chef haben: den Kunden. Eine scharfsinnige Führungskraft bei Ford sagte einmal: »Wenn wir nicht kundengesteuert sind, dann sind unsere Autos es auch nicht.«

Offensichtlich hat der Ford-Konzern nicht auf ihn gehört.

Wenn Peter F. Drucker heute hier wäre, würde er seine Beobachtung ein wenig korrigieren. Er würde sagen: »Die besten Unternehmen schaffen keine Kunden. Sie schaffen Fans.« Er würde sagen, dass es weniger wichtig ist, über bessere Profite in diesem Jahr zu berichten als zu überprüfen, ob das Unternehmen im Denken und Fühlen der Kunden in diesem Jahr einen höheren Anteil erzielen konnte.

Wir müssen besser verstehen lernen, wer unser Kunde ist. Früher dachte man, die Kunden würden von uns erfahren und, wie wir hofften, unsere Produkte wählen. Die neue Denkart ist, dass wir, das Unternehmen, unsere Kunden wählen. Wir weigern uns vielleicht sogar, mit bestimmten Kunden Geschäfte zu machen. Unser Geschäft besteht nicht darin, oberflächlich jeden zufriedenzustellen, sondern unsere Zielkunden voll und ganz zufriedenzustellen.

Also besteht die Hauptaufgabe darin, unsere Zielkunden zu definieren. Diese Definition wird alles beeinflussen: die Ausgestaltung unseres

Produkts und seiner Besonderheiten, die Wahl unserer Absatzkanäle, die Gestaltung unserer Botschaften, die Wahl unserer Medien und die Festlegung unserer Preise.

Um unseren Kunden zu definieren, müssen wir die Perspektive des Kaufprozesses weiter fassen. Jeder Kauf ist das Ergebnis verschiedener Rollen, die gespielt werden. Denken Sie an den Kauf eines neuen Familienautos. *Initiator* ist vielleicht ein Freund der Familie, der ein imposantes neues Auto erwähnt. Der Sohn im Teenageralter könnte der *Beeinflusser* sein, über welche Art von Auto nachgedacht wird. *Entscheidungsträgerin* ist vielleicht die Ehefrau, *Käufer* vielleicht der Ehemann.

Die Aufgabe von Marketingleuten ist es, diese Rollen auszumachen und die begrenzten Marketing-Ressourcen einzusetzen, um die einflussreichsten Menschen zu erreichen, die an der endgültigen Entscheidung beteiligt sind. Marketing- und Vertriebsfachleute müssen fähig sein, die Auffassungen, Vorlieben und Wertvorstellungen der verschiedenen, am Entscheidungsprozess Beteiligten richtig einordnen zu können.

Viele Unternehmen haben ein *Kundenbeziehungs-Management* eingeführt, was bedeutet, dass sie eine Menge Informationen über getätigte Geschäfte und die Treffen mit Kunden sammeln. Die meisten pharmazeutischen Unternehmen zum Beispiel besitzen weitreichende Informationen über einzelne Ärzte und ihre Werte und Vorlieben. In zunehmendem Maße jedoch erkennen wir, dass diese Informationen nicht ausreichen. Sie erfassen nicht die Qualität der Kundenerfahrung. Die simple Erfassung von Daten über Kunden ist kein Ersatz dafür, dass die Kunden mit dem Unternehmen eine zufriedenstellende Erfahrung machen. Ein altes chinesisches Sprichwort lautet: »Eröffne kein Geschäft, wenn du nicht lächeln kannst.«

Zu guter Letzt müssen wir also genau wissen, wer die Zielkunden sind, wer und was sie beeinflusst und wie wir äußerst zufriedenstellende Erfahrungen für unsere Kunden schaffen. Wir müssen erkennen, dass die Kunden von heute zunehmend nach Wert kaufen, nicht nach Beziehung. Ihr Erfolg hängt letztlich davon ab, was Sie zum Erfolg Ihrer Kunden beigetragen haben.

Frage 3

Worauf legt der Kunde Wert?

Frage 3

Worauf legt der Kunde Wert?

Peter F. Drucker

- Worauf, glauben wir, legen unsere Haupt- und Nebenkunden Wert?
- Welches Wissen müssen wir von unseren Kunden erwerben?
- Wie werde ich mich am Erwerb dieses Wissens beteiligen?

Die Frage »Worauf legt der Kunde Wert?« – was befriedigt seine Bedürfnisse, Wünsche und Hoffnungen – ist so kompliziert, dass sie nur von den Kunden selbst beantwortet werden kann. Und die erste Regel ist, dass es keine irrationalen Kunden gibt. Beinahe ausnahmslos verhalten Kunden sich vernünftig, was ihre eigenen Realitäten und ihre eigene Situation betrifft. Führungskräfte sollten keinesfalls versuchen, die Antworten zu erraten, sondern immer in einer systematischen Suche nach diesen Antworten an die Kunden herantreten. Ich praktiziere dies. Jedes Jahr rufe ich persönlich eine zufällige Auswahl von fünfzig oder sechzig Studenten an, die vor zehn Jahren ihren Abschluss gemacht haben. Ich frage: »Wenn Sie zurückblicken, welchen Beitrag haben wir in dieser

Schule geleistet? Was sollten wir besser machen? Womit sollten wir aufhören?« Und glauben Sie mir, das, was ich dabei erfahren habe, hatte einen tief greifenden Einfluss.

Worauf legt der Kunde Wert? Dies ist vielleicht die wichtigste Frage. Und doch ist es eine, die am seltensten gestellt wird. Führungspersönlichkeiten gemeinnütziger Einrichtungen neigen dazu, sie sich selbst zu beantworten. »Es ist die Qualität unserer Programme. Es ist die Art, wie wir die Gesellschaft verbessern.« Die Leute sind so überzeugt davon, dass sie die richtigen Dinge tun, und engagieren sich so für ihre Sache, dass sie schließlich die Institution als Selbstzweck sehen. Aber sie ist ein Beamtenapparat. Statt zu fragen »Bietet sie unseren Kunden einen Wert?«, fragen sie »Entspricht sie unseren Regeln?« Und das hemmt nicht nur die Leistung, sondern zerstört auch Vision und Engagement.

Ihre Hypothesen verstehen

Mein Freund Philip Kotler, Professor an der Northwestern University, zeigt auf, dass viele Organisationen eine klare Vorstellung davon haben, welchen Benefit sie für andere darstellen möchten, aber sie verstehen diesen Benefit oft nicht aus der Perspektive ihrer Kunden heraus. Sie stellen Vermutungen an, die auf ihrer eigenen Interpretation gründen. Beginnen Sie also mit Ihren Hypothesen, ermitteln Sie, was Sie glauben, worauf Ihre Kunden Wert legen. Und dann können Sie diesen Glauben mit dem vergleichen, was Kunden wirklich sagen, die Unterschiede finden und Ihre Ergebnisse beurteilen.

Perspektivenwechsel, Wert

Worauf legt der Hauptkunde Wert?

Zu lernen, worauf der Hauptkunde Wert legt, führte zu einer bedeutenden Veränderung in einem Obdachlosenheim. Die bestehenden Wertvorstellungen des Heims liefen auf nahrhafte Mahlzeiten und saubere Betten hinaus. Eine Reihe von persönlichen Interviews mit den obdachlosen Kunden wurde anberaumt, und sowohl die Direktion als auch die Mitarbeiter nahmen daran teil. Sie fanden heraus, dass Essen und saubere Betten geschätzt wurden, sie aber den tiefen Wunsch, *nicht heimatlos zu sein*, wenig bis gar nicht befriedigen konnten. Die Kunden sagten: »Wir brauchen einen Ort der Sicherheit, von dem aus wir unser Leben wieder aufbauen können, einen Ort, den wir zumindest zeitweilig ein richtiges Zuhause nennen können.« Die Organisation warf ihre Hypothesen und ihre alten Regeln über Bord. Sie fragte: »Wie können wir diese Zuflucht zu einem sicheren Hafen machen?« Sie eliminierten die Angst, die daraus entsteht, jeden Morgen wieder auf die Straße gesetzt zu werden. Sie machen es jetzt möglich, im Obdachlosenheim eine ganze Weile zu bleiben, und erarbeiten mit jedem Einzelnen, was der Wiederaufbau seines Lebens für ihn bedeutet und wie ihm geholfen werden kann, sein Ziel zu verwirklichen.

Diese Neuausrichtung verlangt auch dem Kunden mehr ab. Vorher reichte es aus, hungrig aufzutauchen. Jetzt muss der Kunde eine Verpflichtung eingehen, um das zu bekommen, worauf er am meisten Wert legt. Er muss an seinen Problemen und Plänen arbeiten, um weiter dort bleiben zu können. Und im gleichen Maß, wie die Beteiligung des Kunden in der Beziehung größer wurde, nahmen auch die Erfolge der Einrichtung zu.

Worauf legen die Nebenkunden Wert?

Ihr Wissen darüber, was die Hauptkunden schätzen, ist von äußerster Wichtigkeit. Doch die Realität sieht so aus, dass Sie, wenn Sie nicht in gleichem Maße verstehen, worauf die Nebenkunden Wert legen, nicht fähig sein werden, alles richtig zusammenzufügen, damit die Organisation ihre Leistung erbringen kann. Bei den Organisationen des sozialen Sektors hat es immer schon eine Vielzahl von Nebenkunden gegeben, in einigen Fällen hatte jeder ein Vetorecht. Ein Schuldirektor muss Lehrer, die Schulbehörde, Partner in der Gemeinde, die Steuerzahler, die Eltern und vor allem die Hauptkunden – die Schüler – zufriedenstellen. Der Direktor hat sechs Kundenkreise, von denen jeder die Schule anders sieht. Jeder von ihnen ist wesentlich, jeder definiert Wert anders, und jeder muss zumindest insoweit zufriedengestellt werden, dass er den Direktor nicht feuert, nicht rebelliert oder anfängt zu streiken.

Auf Ihre Kunden hören

Um einen erfolgreichen Aktionsplan zu entwerfen, müssen Sie alle Belange von jedem Ihrer Kundenkreise verstehen, insbesondere was diese langfristig als Erfolg ansehen. Die Einbindung dessen, worauf Kunden Wert legen, in den Plan der Institution ist beinahe ein architektonischer, ein struktureller Prozess. Es ist nicht allzu schwierig, sobald es einmal verstanden wurde, dennoch ist es harte Arbeit. Zuerst denken Sie darüber nach, welches Wissen Sie sich aneignen müssen. Dann hören Sie auf die Kunden, akzeptieren, worauf sie Wert legen, als objektive Tatsache, und stellen sicher, dass die Stimme der Kunden Anteil an Ihren Diskussionen und Entscheidungen hat, nicht nur während des Prozesses der Selbsteinschätzung, sondern ständig.

Anmerkung

Der vorangehende Text stammt aus: Peter F. Drucker, *The Drucker Foundation Self-Assessment Tool: Participant Workbook* (San Francisco: Jossey-Bass, 1999), SAT2, S. 32–34.

Frage 3

Worauf legt der Kunde Wert?

James Kouzes

Alles, was beispielhafte Führungspersönlichkeiten tun, hat mit der Schaffung von Wert für ihre Kunden zu tun.

Das ist genau die Einstellung, die Patricia Maryland hatte, als sie dem Vorstand des Sinai-Grace-Hospitals in Detroit/Michigan als Präsidentin beitrat. Als Patricia ankam, fand sie ein Krankenhaus in Bedrängnis vor. Das Sinai-Grace war das eine Krankenhaus, das nach einer Reihe von Fusionen übrig geblieben war, und all die »Brandrodungen« hatten bei der Belegschaft zu Gefühlen von Wut und Misstrauen geführt. Doch selbst nach all den Sparmaßnahmen arbeitete das Krankenhaus immer noch defizitär. Sinai-Grace war eine Einrichtung, die nicht nur eine neue Führung brauchte, sondern auch eine neue Identität.

Eines der ersten Dinge, die Patricia bemerkte, war, dass die Angestellten sich zumeist darauf verließen, wie die Dinge in der Vergangenheit gemacht worden waren, und dass das Durchbrechen dieser tiefsitzenden Denkmuster eine der ersten Aufgaben sein würde, die Patricia und ihr Team anpacken mussten. Zum Beispiel waren die langen Wartezeiten, die Patienten – die Krankenhauskunden – in der Notaufnahme erfuhren, ein offensichtliches Problem. »Als ich zuerst hierher kam, dauerte es im Durchschnitt acht Stunden, bis ein Patient untersucht wurde und ein Bett bekam«, sagte Patricia, »und das war ganz klar inakzeptabel.«

Ein weiteres Problem war das Ansehen des Krankenhauses im Wohnumfeld. Patricia zufolge lautete die allgemeine Auffassung, dass es »ein schmuddeliges Krankenhaus war. Es gab Menschen, die nur einen Block weit entfernt wohnten und es vorzogen, in andere Krankenhäuser zu gehen. Ganz eindeutig war der äußere Eindruck ein großer Bestandteil des Problems.« Diese Probleme erforderten sofortiges Handeln, und weil es sie schon seit so langer

Zeit gab und vom Krankenhauspersonal als normal angesehen wurden, erforderte ihre Lösung das Experimentieren mit einigen grundlegend neuen Methoden.

Als sie sich dem Problem der inakzeptablen Notaufnahme-Wartezeiten widmete, stellte Patricia eine langjährige Tradition der Organisation dieser Abteilung in Frage. Das Team nahm die Herausforderung an und beantwortete sie mit einem innovativen neuen Service. »Eine der Veränderungen, die wir durchführen wollten, war ein getrennter Bereich für Patienten mit Brustschmerzen, die sofort untersucht wurden, während unsere dringenden Behandlungsfälle in einen anderen Bereich geleitet wurden, die so genannte Akutdiagnostik.« Dafür richtete das Krankenhaus kleine Untersuchungszimmer mittels Trennwänden ein, was die Privatsphäre und Vertraulichkeit verbesserte. Diese einfachen Veränderungen reduzierten die Wartezeiten um mehr als 75 Prozent.

Auf diesen Erfolg baute ein Stiftungszuschuss von 100 000 US-Dollar auf, um die Krankenhausausstattung aufzuwerten. Neue Anstriche, neue Teppiche und neue Möbel können sowohl für die Moral der Patienten als auch des Personals Wunder wirken, und Patricia brachte die Ärzte dazu, Bilder für die Wände zu stiften. Die Umgebung wendete sich bald zum Besseren, und das Krankenhaus begann wie ein zeitgemäßes medizinisches Zentrum auszusehen. »Ich wusste wirklich, dass es wichtig war, ein Milieu zu schaffen, das Wärme und Geborgenheit vermittelte, das es den Patienten ermöglichte, hier hereinzukommen und ein gewisses Maß an Vertrauen und Behaglichkeit zu empfinden«, erklärte Patricia.

Patricia forderte das Personal auch dazu auf, einen Blick auf die Art der Kontaktaufnahme mit Patienten zu werfen: »Wenn dies Ihre Mutter wäre, die Sie behandelten, wenn dieser Patient Ihr Vater wäre, wie würden Sie mit ihnen arbeiten? Wie würden Sie mit ihnen reden? Wie würden Sie sich fühlen, wenn jemand distanziert und unfreundlich wäre und Sie behandelte, als wären Sie Teil eines Maschinenparks und nicht ein menschliches Wesen?«

Diese ersten Veränderungen am Sinai-Grace-Hospital markierten eine außergewöhnliche Kehrtwende. Die Kundenzufriedenheit stieg entscheidend an – von einem anfänglichen Wert von eins bis zwei auf einer Fünf-Punkte-Skala auf erfreuliche vier oder fünf Punkte. Heute ist die Arbeitsmoral des Personals hoch, und es gibt eine neue Vitalität und neuen Enthusiasmus im Sinai-Grace-Krankenhaus. Und das Krankenhaus macht sich finanziell jetzt ziemlich gut. Das Wichtigste, so Patricia, ist Folgendes: »Die Bevölkerung hat Vertrauen zu unserem Krankenhaus, und die Menschen fühlen sich viel wohler als früher.«

All diese Verbesserungen wurden angeregt, weil Patricia unerschütterlich an ihrer Überzeugung festhielt, dem Kunden zuzuhören und einen Mehrwert für ihn zu schaffen. Patricia setzte sich dafür ein, zuerst zu verstehen, wie die Krankenhauskunden das Sinai-Grace erlebten, und dann auf ihre Bedürfnisse zu reagieren – und die Mitarbeiter zu befähigen, dasselbe zu tun, jede Neuerung zu unterstützen, um die Gesundheit und das Wohlergehen der Organisation sowie die Moral und den Stolz der Mitarbeiter wiederherzustellen.

Also, worauf legt der Kunde Wert? Ganz klar schätzen Kunden eine Organisation, die ihre Rückmeldung haben möchte und die fähig ist, ihre Probleme zu lösen und ihren Bedürfnissen zu entsprechen. Aber ich würde auch zu meinen wagen, dass Kunden eine Führungspersönlichkeit und ein Team schätzen, welche die Fähigkeit zum Zuhören besitzen und den Mut, die »Alles-wie-gewohnt-Einstellung« in Frage zu stellen, immer im Dienst und zum Wohle des Kunden.

Frage 4

Was sind unsere Ergebnisse?

Frage 4

Was sind unsere Ergebnisse?

Peter F. Drucker

- Wie definieren wir Ergebnisse?
- Sind wir erfolgreich?
- Wie sollten wir Ergebnisse definieren?
- Was müssen wir ausbauen oder aufgeben?

Die Ergebnisse von Organisationen im sozialen Sektor werden außerhalb der Organisation immer daran gemessen, wie sehr sie das Leben und die Bedingungen der Menschen verändert haben – an menschlichem Verhalten, Lebensumständen, Gesundheit, Hoffnungen und vor allem an ihrer Kompetenz und Leistungsfähigkeit. Um den Auftrag voranzutreiben, sollte jedes gemeinnützige Unternehmen festlegen, was begutachtet und beurteilt wird und dann seine Ressourcen bündeln, um Ergebnisse zu erzielen.

Auf kurzfristige Errungenschaften und langfristigen Wandel schauen

Von einem engagierten Ehepaar, beide Psychotherapeuten, war eine kleine Ambulanz für psychisch Kranke gegründet und geleitet worden. Sie nannten sich »Heilungs-Gemeinschaft«, und in den fünfzehn Jahren, die sie die Organisation leiteten, erzielten sie Ergebnisse, die andere als unmöglich abgetan hatten. Ihre Hauptkunden waren Menschen mit der Diagnose Schizophrenie, und die meisten kamen nach mehreren erfolglosen Behandlungen in die Ambulanz, ihre Lage war fast hoffnungslos.

Die Leute in der Ambulanz sagten: »Es gibt eine Richtung, in die Sie sich wenden können.« Ihre erste Maßnahme bestand darin, zu sehen, ob die Hauptkunden und ihre Familien bereit waren, es noch einmal zu versuchen. Den Mitarbeitern standen mehrere Mittel zum Überwachen der Fortschritte zur Verfügung. Besuchten die Teilnehmer regelmäßig die Gruppensitzungen und nahmen sie voll und ganz an den täglichen Programmen teil? Verringerten sich

Häufigkeit und Länge der Aufenthalte in psychiatrischen Kliniken? Konnten diese einzelnen Personen ein neues Verständnis ihrer Krankheit gewinnen, indem sie sagten: »Ich hatte einen Schub«, statt böse Geister im Kleiderschrank zu zitieren? Konnten die Teilnehmer, wenn sie Fortschritte machten, sich realistische Ziele für ihre eigenen nächsten Schritte setzen?

Die Mission der Ambulanz war es, Menschen mit ernsthafter und anhaltender Geisteskrankheit in die Lage zu versetzen, zu genesen, und nach zwei oder mehr Jahren intensiver Arbeit konnten viele von ihnen in dieser Welt funktionieren – sie waren nicht mehr länger ›unheilbar‹. Einige waren fähig, in ein Leben mit ihrer Familie zurückzukehren. Andere konnten eine Festanstellung halten. Ein paar machten Schulabschlüsse nach. Ob die Mitglieder der Heilungs-Gemeinschaft gesund wurden oder nicht – ob das Leben ihrer Hauptkunden sich in dieser grundlegenden Art geändert hat – war das einzig entscheidende Kriterium der Organisation.

Im Geschäftsleben kann diskutiert werden, ob Profit wirklich ein angemessenes Bewertungskriterium ist, aber ohne ihn gibt es auf lange Sicht kein Geschäft. Im sozialen Sektor gibt es keinen solch universellen Standard für Erfolg. Jede Organisation muss ihre Kunden bestimmen, in Erfahrung bringen, worauf sie Wert legen, sinnvolle Methoden entwickeln und ehrlich bewerten, ob sie tatsächlich das Leben der Menschen verändert. Dies ist eine neue Disziplin für viele gemeinnützige Einrichtungen, aber es ist eine, die erlernt werden kann.

Qualitative und quantitative Maßstäbe

Fortschritt und Erfolg kann qualitativ und quantitativ bemessen werden. Diese beiden Maßstäbe sind miteinander verwoben – einer gibt Aufschluss über den anderen – und beide sind nötig, um zu beleuchten, auf welche Weise und in welchem Ausmaß das Leben der Menschen verändert wird.

Qualitative Maßstäbe beschäftigen sich mit der Tiefe und dem Ausmaß von Wandel im jeweiligen Kontext. Sie beginnen mit gezielten Beobachtungen, bauen Muster auf und erzählen eine subtile, individualisierte Geschichte. Qualitative Bewertungen liefern gültige, »reichhaltige« Daten. Die Direktorin für Pädagogik eines größeren Museums erzählt von dem Mann, der sie aufsuchte, um zu erklären, wie das Museum, als er ein Teenager war, ihm auf eine solche Art neue Möglichkeiten offenbart hatte, dass es ihm buchstäblich das Leben gerettet hatte. Dieser Erfolg gab ihrer Vision für eine neue Initiative mit problembehafteten Jugendlichen neue Nahrung. Die Menschen in einer Forschungsanstalt können den Wert ihrer Forschung nicht im Vorhinein in Zahlen ausdrücken. Aber sie können sich alle drei Jahre hinsetzen und fragen: »Was haben wir erreicht, das dazu beigetragen hat, das Leben von Menschen zu verändern? Worauf konzentrieren wir uns jetzt, um morgen Ergebnisse zu erzielen? Qualitative Ergebnisse können im Bereich des Immateriellen liegen, wenig fassbar sein, beispielsweise wenn sie in einem Menschen, der gegen Krebs ankämpft, langsam wieder Hoffnung wecken. Qualitative Angaben, auch wenn manchmal subjektiver und schwieriger zu erfassen, sind ebenso real und wichtig wie die quantitativen und können genauso systematisch gesammelt werden.

Für die quantitative Bewertung gibt es klar umrissene Maßstäbe. Sie beginnen mit Kategorien und Erwartungen und erzählen eine objektive Geschichte. Quantitative Bewertungen liefern gültige, »harte« Daten. Beispiele von quantitativen Maßstäben sind folgende: ob die Leistung der Schule insgesamt sich verbessert, wenn gefährdete Jugendliche intensiven Kunstunterricht erhalten; ob der Prozentsatz der Sozialhilfeempfänger steigt, die eine Ausbildung abschließen und zu Löhnen eingestellt werden, von denen sie leben können; ob das Gesundheitspersonal seine Praktiken auf der Grundlage neuer Forschungsergebnisse ändert; ob die Anzahl der Teenager, die rauchen, zu- oder abnimmt; ob Vorfälle von Kindesmisshandlung abnehmen, wenn Tag und Nacht Krisenbetreuung verfügbar ist. Quantitative Maßstäbe sind wichtig, um einzuschätzen, ob die Ressourcen richtig und ergebnisorientiert gebündelt werden, um zu sehen, ob Fortschritte gemacht wurden, ob das

Leben der Menschen und die Gemeinschaften sich zum Besseren gewandelt haben.

Beurteilen, was ausgebaut oder aufgegeben werden muss

Eine der wichtigsten Fragen für Vorsitzende von gemeinnützigen Unternehmen ist: Erzielen wir Ergebnisse, die gut genug sind, dass sie einen weiteren Einsatz unserer Ressourcen in diesem Bereich rechtfertigen? Der Bedarf allein rechtfertigt es nicht, damit fortzufahren. Auch nicht die Tradition. Sie müssen Ihre Mission, Ihre Schwerpunkte und Ihre Ergebnisse miteinander vergleichen. Wie in der neutestamentarischen Parabel von den Talenten ist es Ihre Aufgabe, Ihre Ressourcen so einzusetzen, dass der Erfolg mannigfaltig ist, dort, wo sie Erfolg haben.

Irgendetwas zu beenden, aufzugeben, stößt immer auf heftigen Widerstand. In allen Organisationen hängen die Menschen immer am Veralteten – an den Dingen, die funktionieren sollten, es aber nicht taten, oder an Dinge, die einst produktiv waren und es nicht länger sind. Am meisten hängen die Menschen an dem, was ich in einem früheren Buch (*Managing for Results,* 1964/ dt.: *Sinnvoll wirtschaften,* 1965) »Investition ins innerbetriebliche Ego« genannt habe. Doch das Beenden kommt zuerst. Solange das nicht bewerkstelligt ist, wird wenig oder nichts anderes geschafft. Die erbitterte und emotionale Debatte darüber, was aufgegeben werden soll, lässt keinen los. Etwas zu beenden oder aufzugeben ist deshalb schwierig, aber nur für eine recht kurze Zeit. Wiedergeburt kann beginnen, sobald die Toten begraben sind; sechs Monate später wird jeder sich wundern: »Warum haben wir so lange dafür gebraucht?«

Die Geschäftsführung ist verantwortlich

Es gibt Zeiten, da man sich der Tatsache stellen muss, dass die Organisation als Ganzes keine gute Leistung erbringen kann – dass es überall schwache Ergebnisse gibt und wenig Aussicht auf Besserung. Es mag an der Zeit sein, zu fusionieren oder zu liquidieren und

Ihre Energien auf etwas anderes zu richten. Und bei einigen Leistungsbereichen ist nicht klar, ob sie gestärkt oder aufgegeben werden sollen. Sie werden eine systematische Analyse als Teil Ihres Plans brauchen.

An diesem Punkt des Selbsteinschätzungsprozesses legen Sie fest, welches die Ergebnisse für die Organisation sein sollten und worauf sie sich konzentrieren sollte, um in Zukunft erfolgreich zu sein. Die Mission definiert Ihren Verantwortungsbereich. Die Geschäftsführung ist verantwortlich dafür, festzulegen, was begutachtet und bewertet werden muss, um die Organisation vor der Verschwendung von Ressourcen zu bewahren und sinnvolle Ergebnisse zu gewährleisten.

Anmerkung

Der vorhergehende Text ist entnommen aus: Peter F. Drucker, *The Drucker Foundation Self-Assessment Tool: Participant Workbook* (San Francisco: Jossey-Bass, 1999), S. 40–44.

Frage 4

Was sind unsere Ergebnisse?

Judith Rodin

Peter Drucker schrieb vor beinahe 15 Jahren, dass die »aufregendste« Entwicklung in dem bis dato halben Jahrhundert seiner Zusammenarbeit mit gemeinnützigen Unternehmen darin bestand, dass man begann, nicht über Bedarfe, sondern über Ergebnisse zu reden. Dies war Fortschritt einer sehr wichtigen Art – und Drucker, was typisch für ihn war, untertrieb seine eigene Rolle beim Anstoßen dieser Veränderung.

Druckers Erklärung der vierten Frage legt klar und stichhaltig einige der wichtigsten nachgeordneten Fragen in der Bewertung von Ergebnissen im gemeinnützigen Sektor dar: Welches sind die Voraussetzungen für unseren Erfolg? Wie erfahren unsere Partner und Nutznießer unsere Arbeit? Was sind sowohl unsere qualitativen als auch unsere quantitativen Ziele? Wie definieren wir unsere Ergebnisse? Haben wir den Mut, Misserfolg zuzugeben und andere aus unseren Fehlern lernen zu lassen?

Ich würde jedoch davon ausgehen, dass Druckers Erkenntnisse in dieser Angelegenheit inzwischen gut verstanden worden sind und er heute wollte, dass wir darüber hinausgehen.

Gegenwärtig geht es in der Bewertungsdiskussion nicht länger darum, ob sie sich lohnt – das tut sie sicher –, noch geht es darum, ob quantitative Bewertungsmaßstäbe allein ausreichen – das tun sie sicher nicht –, noch beschränkt sie sich darauf, ob Misserfolg erlaubt ist. Sicherlich müssen wir zugeben, dass menschliche Bemühungen, egal mit welch guten Absichten, notwendigerweise unzulänglich sind, und dass die Weigerung, Misserfolge zuzugeben und Erkenntnisse mit anderen zu teilen, diesen Misserfolg nur verschlimmert.

Stattdessen ist die nächste Frage – Frage 4a, wenn Sie wollen –, welche Rolle unsere Ergebnisse spielen sollen, wenn wir zu Druckers fünfter Frage kommen: »Was ist unser Plan?«

In *Die fünf entscheidenden Fragen* wird implizit vorausgesetzt, dass unser Aktionsplan feststeht und dass die Ergebnisse sich aus ihm ergeben müssen. Aber das Arbeitsprogramm eines gemeinnützigen Unternehmens ist mehr repetitiv als linear. Unser Plan muss nicht nur so beschaffen sein, dass er unsere Mission vorantreibt, sondern *auch zu messbaren Ergebnissen führen*, so dass wir wissen, ob der Plan erfolgreich ist oder nicht. Genau wie Drucker Recht hat, wenn er beobachtet, dass Bedarf nicht genug ist, dass Intentionen nicht ausreichen, so ist es ebenso wahr, dass ein Plan nicht als vollständig angesehen werden sollte, noch nicht einmal als befriedigend, wenn er nicht so beschaffen ist, dass er einige messbare Ergebnisse produziert und Mechanismen enthält, a priori, die Korrekturen mitten im Ablauf erlauben, die auf diesen Ergebnissen basieren. Diese Arbeit ist nicht wie die Durchführung eines klinischen Versuchs oder eines zufallskontrollierten Experiments, wo wir die Regeln nicht ändern bis zum Schluss. Das Ziel ist, wirklichen Einfluss zu erreichen. Daher ist die Bewertung von Ergebnissen ein Lernwerkzeug für die Selbstkorrektur, damit gewollte, festgelegte Erfolge erzielt werden.

Wenn wir dies sagen, befinden wir uns auf unserer Reise in einer Zwangslage, müssen in der gemeinnützigen Planung quasi zwischen der gefährlichen Felsklippe Skylla und dem Meeresstrudel Charybdis hindurch segeln. Auf der einen Seite müssen wir sicherstellen, dass unsere Pläne so beschaffen sind, dass Ergebnisse bewertet werden können. Um dies zu garantieren, müssen wir nötigenfalls sogar bereit sein, unsere Wahl spezieller Bereiche, in denen wir engagiert sind, zu ändern und jene vermeiden, bei denen beispielsweise der festgelegte Einfluss so unklar und unmessbar ist, dass er für uns nicht greifbar ist. Auf der anderen Seite gilt es, auch die andere Gefahr zu vermeiden – die Versuchung, nur die Arbeit zu machen, die am einfachsten mengenmäßig zu bestimmen ist, die nur Arbeitserträge produziert, aber keinen Einfluss auf die wichtigsten Ergebnisse hat. Und so ist unsere Reise, um die Metapher noch einmal zu gebrauchen, eine kunstvolle und nicht nur eine wissenschaftliche Unternehmung.

Drucker beginnt seine Erörterung der vierten Frage, indem er feststellt, mit Betonung in der Originalfassung, dass »*Ergebnisse der Schlüssel für unser Überleben*« als Institutionen sind. Wenn Ergebnisse unser Ziel sind, dann müssen sie auch unser Test sein. Was fortbestehen bleibt von der Arbeit der Gemeinnützigen, ist nicht, wie fleißig oder wie klug wir vielleicht sind oder noch nicht einmal, wie sehr wir uns kümmern. Harte Arbeit ist unerlässlich für den Erfolg, etwas Selbstverständliches, in diesem wie in jedem anderen Feld; Intelligenz wird in unserem Sektor wie in allen anderen Bereichen, die intellektuelle Anstrengungen mit sich bringen, geschätzt; und soziales Engagement hat die besten Leute zu dieser Art von Arbeit geführt. Aber wofür man sich letztlich an uns erinnert, ist, inwiefern wir in der Lage waren, das Leben der Menschen zu verbessern. Peter Drucker hat dies nachhaltig und maßgeblich verstanden. Aus diesem Grund findet seine Frage: »Was sind unsere Ergebnisse?« noch heute ihren Nachhall.

Frage 5

Was ist unser Plan?

Frage 5

Was ist unser Plan?

Peter F. Drucker

- Sollte die Mission geändert werden?
- Was sind unsere Ziele?

Der Prozess der Selbsteinschätzung führt zu einem Plan, der eine präzise Summierung von Zielsetzung und zukünftiger Ausrichtung der Organisation darstellt. Der Plan umfasst Mission und Vision, Ziele und Zielvereinbarungen, Ablaufschritte, einen Finanzplan und die Auswertung. Jetzt kommt der Punkt, um die Mission zu bestätigen oder zu ändern und langfristige Ziele zu setzen. Denken Sie daran, jedes Leitbild sollte drei Dinge widerspiegeln: Chancen, Kompetenz und Engagement. Es beantwortet die Fragen: *Was ist unsere Absicht? Warum tun wir das, was wir tun? Was ist es am Ende, wofür wir den Menschen in Erinnerung bleiben wollen?* Die Mission geht über das Heute hinaus, aber sie zeigt uns heute den Weg. Sie bietet den Rahmen für die Zielsetzung und für die Mobilisierung der Ressourcen der Organisation, damit die richtigen Dinge getan werden.

Die Entwicklung und formale Aneignung von Leitbild und Zielen sind für die effektive Leitung einer gemeinnützigen Organisation grundlegende und elementare Pflicht des Direktoriums. Deshalb müssen diese strategischen Elemente des Plans vom Direktorium verabschiedet werden.

Um die Mission voranzutreiben, braucht das Heute Handeln und das Morgen spezielle Ziele. Und doch bedeutet Planung nicht, die Zukunft zu lenken. Jeder Versuch, das zu tun, wäre töricht; die Zukunft ist nicht vorhersehbar. Der Bereich der Planung steckt ab, wohin Sie *wollen* und wie Sie vorhaben, dorthin zu gelangen. Planung ersetzt weder Fakten als Entscheidungsgrundlage noch die Wissenschaft als Führungsgrundlage. Sie erkennt die Bedeutung von Analyse, Motivation, Erfahrung, Intuition – selbst von Spekulation. Sie ist mehr Prämisse als Methodik.

Ziele: wenig, allumfassend und vom Direktorium anerkannt

Die schwierigste Herausforderung ist eine Übereinstimmung bei den Zielen der Institution – bei der grundlegenden, langfristigen Ausrichtung. Ziele sind allumfassend, und ihre Anzahl sollte gering sein. Wenn Sie mehr als fünf Ziele haben, haben Sie gar keine. Ziele sorgen für absolute Klarheit darüber, worauf Sie Ihre Ressourcen richten werden, um Ergebnisse zu bekommen – das ist das Kennzeichen einer Organisation, die es ernst meint mit dem Erfolg. Ziele erwachsen aus der Mission, zeigen der Organisation die richtige Marschrichtung, bauen auf Stärke auf, orientieren sich an Chancen, und alle zusammen skizzieren sie Ihre gewünschte Zukunft.

Eine Alternative zum Plan ist die Bekundung einer Vision, die eine Zukunft zeigt, in der die Ziele der Organisation erreicht wurden und ihre Mission vollbracht ist. Die Vision der Drucker-Stiftung lautet: *Eine Gesellschaft, die den sozialen Sektor als führende Kraft erkennt, um gesunde Ge-*

meinschaften und verbesserte Lebensqualität zu schaffen. Ich habe mit Leuten gearbeitet, die sich durch diese oft idealistischen und poetischen Aussagen hochgradig motiviert fühlten, während andere sagten: »Lasst euch davon nicht mitreißen.« Wenn die Aussage einer Vision – sei es ein Satz oder eine Seite – hilft, den Plan ins Leben zu rufen, sollten Sie sie unter allen Umständen mit einschließen.

Hier ist ein Beispiel für Vision, Mission und Ziele eines Kunstmuseums.

Vision: Eine Stadt, in der das facettenreiche künstlerische Erbe der Welt geschätzt wird und deren Einwohner die Kunst aufsuchen, um ihrem Geist und ihrer Seele Nahrung zu geben.

Mission: Kunst und Menschen zusammenbringen.

Ziel 1: Die Sammlungen bewahren, Partnerschaften anstreben und außergewöhnliche Objekte erwerben.

Ziel 2: Die Menschen dazu befähigen, Kunst zu entdecken, sich an ihr zu erfreuen und sie zu verstehen mithilfe von populären und wissenschaftlichen Ausstellungen, Bildungsarbeit und Publikationen.

Ziel 3: Die Zielgruppe des Museums bedeutend erweitern und seinen Einfluss mit neuen und traditionellen Mitgliedern verstärken.

Ziel 4: Hypermoderne Hilfsmittel und Gerätschaften, Technologien und Arbeitsprozesse beibehalten.

Ziel 5: Die langfristige finanzielle Sicherheit steigern.

Das Bauen rund um Mission und langfristige Ziele ist der einzige Weg, kurzfristigere Interessen einzubeziehen. Dann kann das Management immer fragen: »Führt ein Ziel uns zu unserem grundlegenden langfristigen Ziel, oder führt es uns auf ein Nebengleis, lenkt es uns ab, lässt es uns unsere Zielorientierung aus den Augen verlieren?« Der heilige Augustinus sagte: »Man betet für Wunder, arbeitet aber für Ergebnisse.« Ihr Aktionsplan führt sie dahin, für Ergebnisse zu arbeiten. Er verwandelt Absicht in Handlung.

Zielsetzungen sind messbar, konkret und liegen in der Verantwortung des Managements

Zielsetzungen sind spezielle und messbare Grade des Erfolgs, welche die Organisation auf ihre Ziele hin bewegen. Der Geschäftsführer ist verantwortlich für die Entwicklung von Zielsetzungen und die darauf folgenden Ablaufschritte und detaillierten Finanzpläne. Das Direktorium darf nicht auf dem Niveau taktischer Planung handeln, sonst behindert es die Flexibilität des Managements in der Frage, wie Ziele erreicht werden. Im Zuge der Planentwicklung und -umsetzung ist das Direktorium verantwortlich für die Mission, für Ziele und für die Zuteilung von ergebnisorientierten Ressourcen, sowie für die Bewertung von Fortschritt und Leistung. Das Management ist verantwortlich für Zielvereinbarungen, für Ablaufschritte, für die unterstützenden Mittel, aber auch dafür, effektive Leistung unter Beweis zu stellen.

Fünf Elemente effektiver Pläne

1. Aufgabe/Verzicht

Die erste Entscheidung ist, ob etwas, das nicht funktioniert, aufgegeben wird – die Dinge, die sich überlebt haben und keinen Beitrag mehr leisten. Fragen Sie sich bei jedem Programm, jedem System, jeder Kundengruppe: »Wenn wir es nicht schon wären, würden wir uns heute in diesem Bereich engagieren?« Wenn die Antwort ›nein‹ lautet, sollte Ihre Schlussfolgerung lauten: »Wie kommen wir da raus, und zwar schnell?«

2. Schwerpunktsetzung

Schwerpunkte zu setzen, heißt, aufbauen auf Erfolg, dasjenige stärken, was funktioniert. Die beste Regel dabei ist, Ihre Anstrengungen in Ihre Erfolge zu stecken. Sie werden maximale Ergebnisse erzielen. Wenn Sie eine starke Leistung erbracht haben, ist dies genau der richtige Zeitpunkt, um zu fragen: »Können wir einen noch höheren Standard erreichen?« Die Konzentration auf das Wesentliche ist entscheidend, aber sie ist auch sehr riskant. Sie müssen nämlich die richtigen Schwerpunkte setzen, andernfalls – um einen militärischen Ausdruck zu verwenden – lassen Sie Ihre Flanke völlig ungedeckt.

3. Innovation

Sie müssen auch auf den Erfolg von morgen sehen, auf echte Innovationen, auf die Vielfältigkeit, welche die Fantasie anregt. Welche Chancen gibt es, welche neuen Bedingungen, welche neuen Themen? Passen sie zu Ihnen? Glauben Sie wirklich daran? Aber Sie müssen vorsichtig sein. Bevor Sie näher auf etwas Neues eingehen, sagen Sie nicht: »Auf diese Weise machen wir es.« Sagen Sie: »Lassen Sie uns herausfinden, was hierfür erforderlich ist. Worauf legt der Kunde Wert? Was ist der neueste Stand? Können wir etwas bewegen?« Es ist unentbehrlich, Antworten auf diese Fragen zu finden.

4. Übernahme von Risiken

Planung schließt immer Entscheidungen darüber ein, wo Risiken eingegangen werden. Die Übernahme einiger Risiken können Sie sich leisten – manches, was schiefgeht, ist leicht und mit wenig Verlust reversibel. Und einige Entscheidungen bergen vielleicht größere Risiken, die Sie zwangsläufig eingehen müssen. Sie müssen die kurzen und die langen Strecken miteinander abgleichen. Wenn Sie zu zurückhaltend sind, verpassen Sie die günstige Gelegenheit. Wenn Sie sich zu schnell engagieren, gibt es vielleicht keine lange Strecke mehr, über die Sie sich Sorgen machen müssten. Es gibt keine Formel, die Ihnen die Entscheidung abnimmt, Risiken einzugehen. Solche Entscheidungen bedeuten unternehmerisches Wagnis, sind ungewiss, aber sie müssen getroffen werden.

5. Analyse

Zuletzt ist es bei der Planung wichtig zu erkennen, ob Sie einen Tätigkeitsbereich aufgeben, ob Sie Schwerpunkte setzen, sich für etwas Neues engagieren oder ein bestimmtes Risiko eingehen sollten. Sie sind sich noch unsicher? Dann ist Ihre Zielvorgabe, eine Analyse vorzunehmen. Bevor Sie eine endgültige Entscheidung treffen, untersuchen Sie einen schwachen, aber wichtigen Leistungsbereich, ein sich am Horizont abzeichnendes Problem, eine günstige Gelegenheit, die gerade erst Formen anzunehmen beginnt.

Dafür sorgen, dass alle den Plan verstehen und sich mit ihm identifizieren

Der Plan beginnt mit einer Mission. Er endet mit Ablaufschritten und einem Budget. Ablaufschritte schreiben Verantwortlichkeiten für Zielvorgaben fest – wer wird was wann tun – und das Budget stellt die für die Implementierung des Plans notwendigen Ressourcen zur Verfügung. Um Verständnis für den Plan zu wecken und die Menschen dazu zu bringen, dass sie sich mit ihm identifizieren, werden Ablaufschritte von den Menschen entwickelt, die sie ausführen werden. Jeder, der eine Rolle dabei spielt, sollte die Möglichkeit haben, Input zu geben. Dies sieht unglaublich langsam aus. Aber wenn der Plan fertiggestellt ist, versteht ihn am nächsten Tag jeder. Mehr Menschen in der Organisation wollen das Neue, engagieren sich dafür und sind bereit zum Handeln.

Das Bewertungs-Team wird den endgültigen Plan für die Prüfung durch das Direktorium vorbereiten. Nach der Präsentation und Diskussion wird der Direktoriumsvorsitzende um die Befürwortung der Mission ersuchen, um die Befürwortung der Ziele und des unterstützenden Budgets. Der Vorsitzende mag um die Annahme eines Leitbilds bitten, wenn eines entwickelt wurde, als Teil des Plans. Sobald die Zustimmung gegeben wurde, beginnt die Implementierung.

Nie wirklich zufrieden sein

Dies ist das letzte der Selbsteinschätzungs-Themen, und Ihre Einbindung als Mitwirkender nähert sich bald dem Ende. Bewertungen werden weiterlaufen. Die Organisation muss die Fortschritte beim Verfolgen und Erreichen von Zielen verfolgen, und vor allem muss sie Ergebnisse daran bemessen, inwieweit sie das Leben der Menschen verändert haben. Sie müssen den

Plan anpassen, wenn sich die Umstände ändern, wenn es schlechte Ergebnisse oder einen Überraschungserfolg gibt oder wenn der Kunde Sie zu einem anderen Ort führt als zu dem, den Sie sich vorgestellt hatten.

Wahre Selbsteinschätzung ist niemals abgeschlossen. Die Führung einer Organisation erfordert ständige Feinjustierung und Neufokussierung, nie wirklich zufrieden zu sein ist unabdingbar. Ich ermutige Sie ganz besonders dazu, immer wieder die Frage zu stellen: *Was ist es, wofür wir den Menschen am Ende im Gedächtnis bleiben wollen?* Es ist eine Frage, die Sie dazu veranlasst, sich selbst – und die Organisation – zu erneuern, weil sie Sie dazu drängt zu sehen, was Sie werden können.

Anmerkung

Der vorangehende Text ist entnommen aus: Peter F. Drucker, *The Drucker Foundation Self-Assessment Tool: Participant Workbook* (San Francisco: Jossey-Bass, 1999), SAT2, S. 52–56.

Frage 5

Was ist unser Plan?

V. Kasturi Rangan

Planung ist der Prozess der Übersetzung der Leitidee und der strategischen Ziele der Organisation in eine Reihe von umsetzbaren Programmen, und das Ausfindigmachen eines Wegs, wie jene, die sich innerhalb der Organisation befinden, diese Ziele erreichen können. Kurz und gut ist die Erarbeitung einer Strategie eine Übung, der Organisation Ziele zu setzen und ein Modell zu entwickeln, wie das Erreichen der Ziele die strategische Zielsetzung der Organisation voranbringen würde. Ein Plan hingegen ist der konkrete Aktionsplan, der darauf abzielt, das Ziel zu erreichen. Der größte Fehler, den Organisationen bei einem »Plan« machen, ist, ihn als taktisches Dokument in Stein zu meißeln, ähnlich wie eine Bauzeichnung mit allen enthaltenen Details zur perfekten Durchführung. Ein

Business-Plan ist aber etwas ganz anderes. Es ist ein Anwendungsprozess, der rückkoppelt auf bessere Planung und Zielsetzung. Manager formen ihn, leiten ihn, wenden ihn an und lernen aus ihm. Die folgenden Elemente sind wesentlich für einen effektiven Plan.

Eine starke Fokussierung auf Ziele

Organisationen aller Arten – ob gewinnorientiert oder gemeinnützig – müssen sich stark auf ihre strategischen Ziele konzentrieren. Für ein gewinnorientiertes Unternehmen könnten Ziele sich um solche Dinge wie Marktdurchdringung, Neuproduktentwicklung und Kundenzufriedenheit drehen. Für ein gemeinnütziges Unternehmen muss die überspannende Mission zuerst in etwas übersetzt werden, das innerhalb des Betriebs Durchzugskraft hat, bevor strategische Ziele festgelegt werden können. Während die übergreifende Mission weit gefasst ist und dazu dienen soll, andere zu begeistern, muss die Mission in ihrer operativen Anwendung eng genug gefasst sein, um der Organisation zu ermöglichen, ihren Fortschritt an ihren Zielen zu messen.

Unerschütterlich in der Richtung, flexibel in der Durchführung

Ein Museum beispielsweise, das den Besucherstrom ankurbeln will, könnte eine Reihe von Sonderausstellungen planen, um neue Zielgruppen anzulocken oder Besucher zu wiederholten Besuchen zu animieren. Aber ein effektiver Plan muss noch weiter gehen. Er muss die Art der geplanten Sonderausstellungen genau aufführen, den Zeitplan und die mit den Ausstellungen verbundenen Werbeprogramme, die das Publikum anziehen sollen. Art und Umfang der Maßnahmen können unterschiedlich sein, je nachdem, ob das Museum die Besuchsfrequenz steigern will oder ganz neue Publikumsschichten ansprechen will. Aber hier gibt es einen wichtigen Vorbehalt. »Planung heißt nicht, die Zukunft zu lenken. Jeder Versuch, das zu tun, ist dumm; die Zukunft ins unvorhersehbar«, schrieb Peter F. Drucker in der letzten

Ausgabe seines *Selbsteinschätzungs-Instruments*. Das ist der Grund, warum es so entscheidend ist, verschiedenen Wegen ans Ziel zu gelangen mit genügend Offenheit zu begegnen, während man dennoch die grundsätzliche strategische Gesamtausrichtung beibehält.

Wenn zum Beispiel das Planungsteam des Museums plötzlich feststellt, dass seine Exponate eine viel höhere Anzahl von neuen Museumsbesuchern anzieht als erwartet, dann muss die Planung flexibel genug sein, um einen höheren Prozentsatz der zur Verfügung stehenden Geldmittel kurzfristig dafür auszugeben, diese neuen Besucher zu Mitgliedern werden zu lassen. Es braucht vielleicht frische Initiativen, um diesen günstigen Zustrom neuer Besucher für das Museum langfristig nutzbar zu machen. Gleichzeitig ist es sehr wichtig, den eigentlichen Grund für diesen unerwarteten Gewinn zu verstehen. Nur wenn es den Grund versteht und seine Lehren zieht, wird das Team in der Lage sein, die Erfolge auf spätere Projekte für Sonderausstellungen zu übertragen. In gleicher Weise wird eine Organisation aus fehlgeschlagenen Plänen lernen können, künftig teure Fehler zu vermeiden. Flexibilität und Bereitschaft zum Lernen müssen zwei wichtige Grundmerkmale eines effektiven Plans sein.

Durch Verantwortungsübertragung Identifikation stiften

In erster Linie sollten die Personen, die verantwortlich für die Durchführung eines Programms sind, an der Aufstellung des Handlungsplans beteiligt sein. Das Team könnte Input aus allen möglichen Quellen bekommen, aber letztlich sollte die Befugnis für die Ausführung und die Verantwortung für Erfolg oder Misserfolg bei diesen Personen liegen. Das ist der Grund, warum es nicht sinnvoll ist, sich einen detaillierten Entwurf von einer zentralen Stelle im Unternehmen aufzwingen zu lassen. Sobald das Umsetzungsteam die strategischen Ziele und die allgemeine Ausrichtung verinnerlicht hat (vielleicht haben einige seiner Mitglieder bei ihrer Formulierung in der Vergangenheit eine Rolle gespielt), sollte es den Spielraum zur

Entwicklung eines Aktionsplans haben. Dies ist die einzige Möglichkeit, wie motivierte Manager die Freiheit erfahren, erfolgreiche Programme zu erweitern, und introspektive Manager schulen ihr Urteilsvermögen bei der Neuausrichtung oder dem Verkleinern nicht so erfolgreicher Programme.

Monitoring, das zu einer besseren Strategie führt

Der Hauptzweck für das Monitoring, das Überwachen der Durchführung besteht darin, die Logik jedes Programms zu verstehen und in welcher Beziehung es zu anderen Programmen beim Erreichen der strategischen Ziele einer Organisation steht. Selbst wenn den umfassenden Zielen einer Organisation entsprochen wird, ist es nicht ungewöhnlich für einige Programme, überwältigenden Erfolg zu haben, während andere stark dahinter zurückfallen. Aus diesem Grund reicht es nicht aus, das Erreichen strategischer Ziele als Ganzes zu bewerten, sondern es muss beharrlich eruiert werden, welche Programme wirklich zum Erfolg beigetragen haben und welche nicht, und warum dies so war. Nur durch Reflexion kann es Verbesserungen in der nächsten Runde der Strategie-Entwicklung geben. Solche Übungen sollten im Planungszyklus fortlaufend durchgeführt werden, teilnehmen sollten sowohl die Verantwortlichen für das Programm als auch die dem jeweiligen Planungsteam übergeordnete Ebene. Das für die strategische Ausrichtung und die übergeordneten Ziele verantwortliche Team sollte permanentes Feedback gewährleisten, nicht zuletzt auch als Anknüpfungspunkt für den nächsten Planungszyklus.

① Ziel
② Offenheit + strateg. Gesamtausrichtung
③ Flexibilität + Bereitschaft
④ Reflexion + Verbesserung
⑤ Permanentes Feedback
⑥ Nächster Planungszyklus

Transformative Führung

Frances Hesselbein

In einer Welt, die permanenten Veränderungen unterliegt, ringen Millionen von Menschen in jedem Wirtschaftssektor mit den neuen Führungsanforderungen. Überall höre ich Manager über dieselben grundlegenden Probleme diskutieren: der lange Weg in die Umgestaltung, vom Status quo in eine unwägbare Zukunft, die vor uns liegt. Rund um den Globus – in Universitäten, Glaubensgemeinschaften, Unternehmen, Regierungsstellen und im aufkeimenden sozialen Sektor – arbeiten Führungskräfte an der Umgestaltung ihrer Institutionen.

Vor ein paar Jahren unternahm ich eine Reise nach China mit einem Team aus vier Vordenkern, um auf Einladung des Bright China Management Institute eine Reihe von Seminaren zu halten. Als wir mit unseren chinesischen Kollegen sprachen, benutzten wir dieselbe Sprache, um die Macht des Leitziels, der Mission zu beschreiben, die wir benutzen, wenn wir mit der Heilsarmee, der US-Armee, dem Unternehmen Chevron oder dem American Institute of Architects zu tun haben: Vision, Mission, Ziele. Die Begriffe sind in jeder Sprache unterschiedlich, aber der ihnen innewohnende Gehalt ist universell. Und mit einem gemeinsamen Verständnis können Menschen in jedem Sektor, in jeder Kultur bedeutsame Dialoge führen, die helfen, Organisationen zu verändern.

Beim Zugriff auf Erfahrungen quer durch die öffentlichen, privaten und sozialen Bereiche habe ich herausgefunden, dass Organisationen gewöhnlich acht Meilensteine absolvieren, um ihr Ziel einer bedeutsamen, entwicklungsfähigen, effektiven Organisation zu erreichen. Diese Meilensteine sind genauso wichtig für eine kleine Pfadfinderinnen-Gruppe wie für ein großes Privatunternehmen oder ein Regierungsorgan.

1. Die Umgebung sondieren

Durch Lesen, Erhebungen, Interviews usw. machen wir die wichtigsten Trends aus, die unsere Organisation wahrscheinlich berühren. Das Wesentliche von Strategie ist, die Implikationen dieser Trends auszumachen. Bisweilen haben wir den richtigen Riecher und ein bedarfsgerechtes Programm oder Projekt schon ausgearbeitet, wenn der Trend gerade aufkommt – nicht erst hinterher. Diese Einschätzung sich abzeichnender Tendenzen und Implikationen, unterstützt von internen Daten, bietet einen wichtigen Hintergrund für die Planung von Veränderungen – und damit eine bessere Handlungsbasis als unsere eigenen vorgefassten Meinungen. Sich nur auf Hypothesen zu stützen, kann fatal sein.

2. Die Mission überdenken

In unserem Leader to Leader Institute überdenken wir die Mission alle drei Jahre und entwickeln sie weiter, wenn nötig. Die Stiftung besteht jetzt seit mehr als fünfzehn Jahren, und wir haben unsere Mission zweimal neu überdacht und weiterentwickelt – nicht, weil wir es beim ersten Mal nicht geschafft hätten, es gleich richtig zu machen, mit Peter F. Drucker im Raum, sondern weil die Umgebung und die Bedürfnisse unserer Kunden sich verändert haben.

Das Leitbild sollte auf einfache Weise erklären, warum wir tun, was wir tun, den Grund unserer Existenz – unseren Daseinszweck. Im Bewusstsein, dass Management ein Instrument ist, kein Ziel, managen wir nicht um des Managens selbst willens, sondern um der Mission willen. Und die Mission legt nicht fest, wie gehandelt wird, sondern nur, warum. Sie muss klar, überzeugend, zwingend und stimmig sein. Die Mission des Internationalen Roten Kreuzes – »denen dienen, die am verwundbarsten sind« – ist ein perfektes Beispiel von Klarheit und Kraft.

Wenn wir die Mission überdenken, stellen wir uns selbst die ersten drei der fünf wichtigsten Fragen, bei deren Beantwortung Peter Druckers Organisation bereits vor mehr als fünfzig Jahren geholfen hat:

- Was ist unsere Mission?
- Wer ist unser Kunde?
- Worauf legt der Kunde Wert?

Wenn wir diese drei Fragen beantworten, sind wir auf gutem Weg des Managements für die Mission.

3. Hierarchie verbannen

Transformation erfordert, Menschen aus ihren organisatorischen Schubladen in flexible, flüssige Management-Systeme zu überführen. Wir können nicht damit fortfahren, Leute in kleine Vierecke in einem Struktogramm zu packen. Das führt zu Schubladendenken. Ich ziehe Zyklen vor – konzentrische Zyklen von Funktionen und Positionen in einem Stellenbesetzungsplan, der beinahe organisch aussieht. Systematischer Arbeitsplatzwechsel wird zu einer bereichernden Realität. Menschen bewegen sich zyklisch – erlernen neue Fähigkeiten, erweitern Arbeitsplätze. Wir müssen eine Hierarchie verbannen, die zu unseren heutigen Wissensarbeitern nicht passt, »die den Werkzeugsatz in ihrem Kopf tragen«.

4. Das Evangelium anfechten

Es sollte keine heiligen Kühe geben, wenn wir jede Richtlinie, jeden Grundsatz, jede Arbeitspraktik, jeden Ablauf und jede Hypothese in Frage stellen. Bei ihrer eigenen Transformation müssen Organisationen »geplanten Verzicht« üben – Programme, Grundsätze und Arbeitspraktiken aufgeben, die heute funktionieren, aber für die Zukunft und für die Organisation, die wir aufbauen wollen, um in dieser Zukunft zu bestehen, wenig relevant sind.

5. Die Macht der Sprache benutzen

Führungskräfte müssen immer wieder wenige klare, gleichbleibende Botschaften aussenden. Sie müssen mit ihrer Stimme führen, all ihren Kunden und Auftraggebern einige wenige machtvolle Botschaften übermitteln, die verbinden und erleuchten. Wenn, beispielsweise, Max De Pree sein Unternehmen, Herman Miller, zu einem Weltunternehmen führte, sprach er davon, dass Arbeiter »ein Abkommen, keinen Vertrag« bräuchten. Solch mächtige Bestrebungen – und die Sprache, die damit einhergeht – sind wichtig, um eine Organisation in die Transformation zu führen.

6. Verschiedenartige Führung quer durch die Organisation

Jede Organisation muss nicht eine, sondern viele Führungspersönlichkeiten haben. Einige sprechen von »Empowerment«, also Übertragung von Verantwortung auf Untergebene, d. h. mehr Eigenverantwortlichkeit; andere vom »Teilen der Führungsaufgaben«. Ich halte es für gestreute Führung – mit Führungskräften, die auf jeder Ebene entwickelt werden. Führung ist eine Verantwortlichkeit, die von allen Mitgliedern der Organisation geteilt wird.

7. Von vorne führen, nicht von hinten drücken

Die Führungskraft der Zukunft sitzt nicht untätig herum und wartet darauf, aus welcher Richtung der Wind bläst. Die Führungskraft artikuliert klare Positionen zu den die Organisation betreffenden Themen und ist die Verkörperung des Unternehmens, seiner Werte und Prinzipien. Führungskräfte formen erwünschtes

Verhalten, brechen nie ein Versprechen und wissen, dass es bei Führung nicht darum geht, wie man etwas tut, sondern wie man ist.

8. Leistung bewerten

Selbsteinschätzung ist wichtig für den Fortschritt. Vom Beginn des Veränderungsprozesses sind wir uns im Klaren über Mission, Zielvorstellungen und Richtwerte. Wohldefinierte Ablaufschritte und ein Plan für die Bewertung von Ergebnissen sind wichtig für die Planung jedes organisatorischen Wandels. Wir können dann mit etablierten Zielvorgaben und Maßnahmen unsere Reise beginnen. Am Ende des Prozesses, der überschwänglichsten Phase der Reise, bewerten wir unsere Leistung und feiern die Transformation. Wir tun dies, indem wir uns die nächsten zwei von Peter Druckers fünf kritischen Fragen stellen, die zuvor erörtert wurden:

- Was sind unsere Ergebnisse?
- Was ist unser Plan?

Rund um den Globus ist für Führungskräfte, die sich der vor uns liegenden turbulenten Zeiten bewusst sind, die Reise zur Transformation eine Reise in die Zukunft. Diese Führungskräfte nehmen die Organisation von heute und transformieren sie zum produktiven, hochleistungsfähigen Unternehmen von morgen. Obwohl die Meilensteine auf der Reise bekannt sind, ist das Ziel unbekannt, und für jede Organisation wird das Ziel nicht nur vom Verlauf der vor ihnen liegenden Straße bestimmt, sondern auch von der Qualität der Mission und der Führung, die sie inspiriert.

Der Prozess
der Selbsteinschätzung

Peter F. Drucker

Das *Selbsteinschätzungs-Instrument* wurde absichtlich als anpassungsfähiges Hilfsmittel entwickelt. Wie Sie dieses Buch benutzen, wird von Ihrem Hintergrund und dem speziellen Zweck abhängen, für den die Selbsteinschätzung unternommen wird. Dieses Handbuch lag nicht von selbst vor Ihrer Haustür. Es ist in Ihren Händen, weil Sie ein Interesse daran haben oder ein Assessment-Team, ein Referent, ein Manager oder ein Vorsitzender, der sich mit der Ausgestaltung des Selbsteinschätzungsprozesses beschäftigt hat, eine Rolle für Sie ausgemacht hat und Sie bat, daran teilzunehmen. Es liegt in der Verantwortung dieses Teams oder dieses Menschen, den Sinn der Selbsteinschätzung zu erklären und Sie auf bestimmte Erwartungen hinsichtlich Zeit und Aufgaben vorzubereiten.

Der Selbsteinschätzungsprozess benötigt eine umfassende Teilnahme, damit alle ihn verstehen, sich zu eigen machen und bereit zum Handeln sind. Bestimmte Adaptionen des Selbsteinschätzungsprozesses stehen für sich allein und können vielleicht innerhalb einiger Wochen abgeschlossen werden.

Übergreifende Selbsteinschätzung für eine Organisation findet in drei Phasen über eine Reihe von Monaten statt. Ein ausführlicher Prozess-Leitfaden zeigt jenen, welche die Selbsteinschätzung leiten, wie genau sie organisiert und gelenkt wird.

Dieses Buch hat einen doppelten Zweck: *(1) Ihr persönliches Denken lenken und (2) Sie und andere auf produktive Diskussionen und Entscheidungen vorbereiten.* Um den besten Nutzen aus dem zu ziehen, was hier angeboten wird, werden Sie drei Dinge tun:

1. Informationen zu Organisation, Kunden, Trends in der betrieblichen Umgebung und andere Selbsteinschätzungs-Materialen und Berichte gründlich durchsehen.

2. Sich mit diesem Buch hinsetzen und, in einer oder mehreren Arbeitssitzungen, sich die notwendige Zeit nehmen, es durchzulesen und wohldurchdachte Antworten auf die wichtigen Fragen, die es stellt, finden.
3. Aktiv teilnehmen an einer Klausurtagung, Gruppendiskussionen, einer Eins-zu-eins-Tiefenbefragung oder anderen Selbsteinschätzungs-Treffen.

Mein letztes Wort zur Benutzung dieses Buchs: Bitte lesen Sie es nicht hastig in letzter Minute. Die fünf Fragen scheinen simpel zu sein, aber sie sind es nicht. Geben Sie ihnen Zeit zu wirken; ringen Sie mit ihnen. Richtig ausgeführt entwickeln sich aus der Selbsteinschätzung Können, Kompetenz und Engagement. Aktive und sorgfältige Teilnahme ist eine Chance, Ihre Vision weiterzubringen und die Zukunft zu formen.

Anmerkung

Der vorhergehende Text ist entnommen aus: Peter F. Drucker, *The Drucker Foundation Self-Assessment Tool: Participant Workbook* (San Francisco: Jossey-Bass, 1999), SAT2, S. 7–8.

Zur Untersuchung empfohlene Fragen

> Der wichtigste Aspekt des Selbsteinschätzungs-Instruments sind die Fragen, die es stellt. Antworten sind wichtig; man braucht Antworten, weil man Aktivität braucht. Aber das Wichtigste ist, diese Fragen zu stellen.
>
> *Peter F. Drucker*[1]

Frage 1: Was ist unsere Mission?

Wenn Sie die alles umfassende Frage stellen: »Was ist unsere Mission?«, bedenken Sie dabei die folgenden zusätzlichen Fragen – sie könnten Ihnen helfen, die gesuchten Antworten zu finden:

Was versuchen wir zu erreichen?[2]
- Welches Verständnis hat die Organisation gegenwärtig von ihrem Auftrag?[3]

- Was ist der Daseinsgrund Ihrer Organisation?[4]
- Warum tun Sie das, was Sie tun?[5]
- Wofür wollen Sie am Ende den Menschen in Erinnerung bleiben?[6]

Welche bedeutenden externen oder internen Probleme, Chancen und Themen gibt es?
- Vor welchen bedeutenden Problemen steht die Organisation: demografischer Wandel, veränderte Gesetzgebung oder Bestimmungen, neu aufkommende Technologien, Konkurrenz?
- Welche bedeutenden Chancen bieten sich: Partnerschaften und Zusammenarbeit, Praktiken und Methoden, die einen Wettbewerbsvorteil verschaffen, soziale und kulturelle Trends?
- Vor welchen wichtigen Themen steht die Organisation: Bedarf an mehrsprachigen Angestellten, kommunale Themen, Marktanteil, steigende Kosten im Gesundheitswesen, sich verändernde Vertriebskanäle?

Muss unsere Mission neu überdacht werden?[7]

- Muss unser Leitbild neu definiert werden? Wenn nicht, warum nicht? Wenn ja, warum ist das so?[8]
- Wie, wenn überhaupt, würden Sie das Leitbild Ihrer Organisation neu schreiben oder welche Neufokussierung würden Sie vornehmen?[9]
- Was wären die wichtigsten Vorteile einer neuen Mission? Warum sagen Sie das?[10]
- Welche Probleme, wenn überhaupt, würden sich wahrscheinlich aus einer neuen Mission ergeben? Bei wem? Warum wäre das so? Welche Schritte, wenn überhaupt, würden unternommen werden müssen, um diese Veränderung herbeizuführen?[11]

Frage 2: Wer ist unser Kunde?

Wenn Sie die übergeordnete Frage »Wer ist unser Kunde?« durcharbeiten, beziehen Sie dabei folgende zusätzliche Fragen mit ein – sie helfen Ihnen vielleicht, die gesuchten Antworten zu finden:

Wer sind unsere Kunden?

- Machen Sie eine Liste derjenigen, die die Produkte oder Dienstleistungen der Organisation in Anspruch nehmen. Gemeinnützige Organisationen sollten in dieser Liste den Hauptkunden bestimmen – die Menschen, deren Leben durch die Arbeit der Organisation verändert wird. Gewinnorientierte Organisationen bestimmen aus dieser Liste den gegenwärtigen Hauptkunden und ermitteln, ob dieser Kunde die Organisation, basierend auf demografischem Potenzial usw., wird erhalten wollen und können. Bei öffentlichen Institutionen ist der Hauptkunde oft durch die Gesetzgebung festgelegt oder von der Regierungsbehörde, welche die Organisation begründet hat.
- Listen Sie Nebenkunden auf – Freiwillige, Mitglieder, Partner, Geldgeber, Empfehlungsquellen, Angestellte und andere – sowohl innerhalb als auch außerhalb der Organisation, die zufriedengestellt werden müssen.

- Welchen Wert bieten wir jedem dieser Kunden?[12]
- Entsprechen wir mit unseren Stärken, unseren Kompetenzen und wirtschaftlichen Möglichkeiten den Bedürfnissen dieser Kunden? Wenn ja, in welcher Weise? Wenn nein, warum nicht?[13]

Haben unsere Kunden sich verändert?[14]

In welcher Weise, wenn überhaupt, haben sich unsere Kunden verändert? Denken Sie dabei an …[15]

- Demografie (Alter, Geschlecht, ethnische Zugehörigkeit, Menschentyp)[16]
- Hauptbedürfnisse (Ausbildung, Unterbringung, Tagesbetreuung usw.)[17]
- Anzahl (größer, geringer)[18]
- Physisches und psychisches Wohlergehen (wie Drogenabhängigkeit, familiäre Störungen)[19]
- Andere Dinge (zum Beispiel Lage, Arbeitsplatz)[20]
- Welche Implikationen haben diese Veränderungen für Ihre Organisation?[21]

Sollten wir einige Kunden hinzufügen oder streichen?[22]

- Welchen *anderen Kundengruppen*, wenn überhaupt, *sollte die Organisation dienen*? Warum ist das so?[23]
- Über welche speziellen Kompetenzen verfügt die Organisation, um den Kunden von Nutzen zu sein?[24]
- Welchen *gegenwärtigen Kundengruppen*, wenn überhaupt, *sollte die Organisation nicht länger dienen*?[25]
- Warum ist das so? (Haben sich deren Bedürfnisse geändert? Sind Ihre wirtschaftlichen Mittel zu begrenzt? Sind andere Organisationen effektiver? Passen die Bedürfnisse dieser Kunden nicht mehr zum Leitgedanken Ihrer Organisation? Zu Ihren Kompetenzen?)[26]

Frage 3: Worauf legt der Kunde Wert?

Wenn Sie die übergeordnete Frage »Was schätzt der Kunde« durcharbeiten, beziehen Sie die folgenden zusätzlichen Fragen mit ein – Sie helfen Ihnen vielleicht, die gesuchten Antworten zu finden:

Worauf legen unsere Kunden Wert?[27]
- Wenn es um Wertschätzung geht, denken Sie darüber nach, was Ihre Organisation tut, das ein bestimmtes Bedürfnis erfüllt, Befriedigung schafft oder einen Nutzen für Ihre Hauptkunden bietet, den diese nicht aus einer anderen Quelle ziehen. Für jede Gruppe von Hauptkunden beschreiben Sie kurz, was jede an Ihrer Organisation schätzt.[28]
- Wenn es um Wertschätzung geht, denken Sie daran, was Ihre Organisation tut, das ein spezielles Bedürfnis erfüllt, Befriedigung schafft oder einen Nutzen für Ihre Nebenkunden bietet, den diese nicht aus einer anderen Quelle ziehen. Für jede Gruppe von Nebenkunden beschreiben Sie kurz, was jede an Ihrer Organisation schätzt.[29]
- Was sind die langfristigen Werte und Ziele der Kunden, und inwieweit sind wir

in der Lage und kompetent, zu deren Verwirklichung beizutragen?
- Wie gut bietet Ihre Organisation das an, was die jeweiligen Kunden schätzen?[30]
- Wie kann Ihr Wissen darüber, was Ihre Kunden wertschätzen, verwendet werden, um Entscheidungen in Bereichen wie jenen zu treffen, die hier aufgeführt sind?[31]
    - Produkte und Dienstleistungen
    - Personalbeschaffung
    - Ausbildung
    - Innovation
    - Kapitalentwicklung
    - Marketing
    - Andere
- Welche Ressourcen – interne und externe – können Sie nutzen, um den Zufriedenheitsgrad Ihrer Kunden zu bestimmen? Müssen Sie beispielsweise eine Bestandsaufnahme gegenwärtiger Kunden sowie jener, die nicht mehr länger Ihre Dienstleistung in Anspruch nehmen, durchführen?

- Was schätzen Ihre *Nebenkunden*, was bedeutet für sie Nutzen?[33]
- Wenn es Spender gibt, schätzen sie Anerkennung oder das ihnen vermittelte Gefühl, dass ihr Beitrag hilft, ein gesellschaftliches Problem zu lösen?
- Wenn es Freiwillige gibt, opfern sie ihre Zeit, weil sie neue Fähigkeiten erwerben wollen, neue Freunde finden wollen oder glauben, dass sie dabei helfen können, das Leben von Menschen zu verändern?
- Wenn sie Distributoren sind oder zur Vertriebskette für unser Produkt oder unsere Dienstleistung gehören, was sind ihre Bedürfnisse und Beschränkungen bezüglich ihrer Mission, Rentabilität und Ziele?

Frage 4: Was sind unsere Ergebnisse?

Wenn Sie die übergreifende Frage »Was sind unsere Ergebnisse?« durcharbeiten, beziehen Sie die folgenden zusätzlichen Fragen mit ein – sie helfen Ihnen vielleicht, die gesuchten Antworten zu finden:

Wie definieren wir in unserer Organisation Ergebnisse?[34]

- Wenn Sie die ersten drei Fragen von Drucker über Mission, Kunden und Wert durchdacht haben ... würden Sie »Ergebnisse« irgendwie anders definieren? Warum oder warum nicht?[35]
- Wie würden Sie Ergebnisse in Zukunft definieren?

In welchem Ausmaß haben wir diese Ergebnisse erreicht?[36]

- Wenn Sie über Ihre Antworten auf die Fragen im vorhergehenden Abschnitt nachdenken, in welchem Ausmaß hat Ihre Organisation diese Ergebnisse erreicht?[37]
- Was sind die Hauptaktivitäten oder -programme, die beim Erreichen dieser Ergebnisse geholfen haben (oder hinderlich waren)?[38]
- Wie werden Sie Ergebnisse zukünftig bemessen, sowohl qualitativ als auch quantitativ?

Wie gut nutzen wir unsere Ressourcen?
- Wie gut nutzt unsere Organisation ihr Humanvermögen – ihre Freiwilligen, ihr Direktorium, Personal usw.? Woher wissen Sie das? Wie *sollte* die Organisation es stattdessen tun?[40]
- Wie gut nutzt unsere Organisation ihre finanziellen Ressourcen – ihr Geld, ihre Gebäude, Investitionen, Schenkungen? Woher wissen Sie das? Wie *sollte* die Organisation es stattdessen tun?[41]
- Wie effektiv widmen wir uns dem Wert und der Positionierung unserer Marke und unserem Markenversprechen?
- Welche Ergebnisse haben die Bemühungen Ihrer Organisation erzielt, Spender für sich zu gewinnen und zu halten? Warum ist das so?[42]
- Wie definiert die Organisation ihre Ergebnisse und teilt sie den Spendern mit? In welcher Hinsicht, wenn überhaupt, sollte sie ihr Vorgehen ändern? Warum oder warum nicht?[43]

- Sind andere, ähnliche Organisationen besser darin, ihr Humankapital und finanzielle Ressourcen zu nutzen? Darin, ihr Direktorium oder ihren Vorstand zu nutzen? Wenn ja, warum ist das so? Was können Sie von ihnen lernen?[44]

Frage 5: Was ist unser Plan?

Wenn Sie die übergeordnete Frage »Was ist unser Plan?« überdenken, sollten Sie die folgenden zusätzlichen Fragen mit einbeziehen – sie helfen Ihnen vielleicht, die gesuchten Antworten zu finden:

Was haben wir gelernt, und was schlagen wir nun vor?[45]

- Listen Sie die wichtigsten Lektionen auf und fassen Sie die darin enthaltenen, empfohlenen Aktivitäten zusammen.[46]
- Denken Sie über Informationen nach, die nicht nur in Ihrem Verantwortlichkeitsbereich hilfreich, sondern auch für die Planung der zukünftigen Richtung

und Aktivität der Organisation nützlich sein werden.[47]

Worauf sollten wir unsere Bemühungen konzentrieren?[48]

- Listen Sie jene Bereiche auf, worauf sich, wie Sie glauben, die *Verantwortlichkeit Ihrer Gruppe oder Ihres Bereichs* fokussieren sollte.[49]
- Vor dem Hintergrund dessen, was Sie gelernt haben, listen Sie jene Bereiche auf, von denen Sie glauben, dass sich *Ihre Organisation* darauf fokussieren sollte. Als Nächstes führen Sie kurz Ihre Gründe dafür auf und wie jeder davon zur Mission passt.[50]

Was, wenn überhaupt, sollten wir anders machen?[51]

- Gibt es Programme, Aktivitäten oder Kundenbedürfnisse, welche die Organisation aufnehmen sollte?[52]
- Streichen sollte?[53]

- Sollten sie an andere Organisationen überantwortet werden, also »outgesourct« werden, wenn es unmöglich ist, sie effektiv oder effizient intern bewältigen zu können?[54]
- Warum ist das so?[55]

Was ist unser Plan, um Ergebnisse für die Organisation zu erreichen?[56]
- Was sind die Ziele, die uns befähigen werden, die erwünschten Ergebnisse zu erzielen?
- Für gemeinnützige Organisationen, welches sind die Ziele (die grundlegenden Zielsetzungen), die das Leben der Menschen verändern werden und die Mission weiter voranbringen?
- Was sind die messbaren Zielvorgaben, die uns befähigen werden, unsere grundlegenden Ziele zu erreichen?
- Welche messbaren Ablaufschritte werden uns befähigen, unsere Zielvorgaben zu erreichen?

- Was sind die finanziellen Implikationen der für die Erreichung dieser Ziele und Ablaufschritte benötigten Ressourcen?
- Welches sind die Solldaten für die Fertigstellung?
- Wer wird für das Erreichen jedes Ziels, jeder Zielvorgabe und jedes Ablaufschrittes verantwortlich und rechenschaftspflichtig sein?
- Welche Personalbesetzung wird für die Unterstützung dieses Aktionsplans benötigt werden?
- Wie bemessen und bewerten wir die erwünschten Ergebnisse?

Welches ist mein Plan, um die Ergebnisse für meine Gruppe oder meinen Verantwortungsbereich zu erzielen?[57]

- Machen Sie eine Liste von Handlungsposten, deren Ausführung in Ihrem Autoritätsbereich liegt, und schreiben Sie auch Empfehlungen auf, die von den entsprechenden Direktions- und Personalteams verabschiedet werden müssen.[58]

- Dann legen Sie die Solldaten für Genehmigung und Implementierung fest.[59]
- Ermitteln Sie den Mitarbeiterbedarf.[60]

Anmerkungen

Wo mit Fußnoten angezeigt, ist der vorhergehende Text im Original entnommen aus: Peter F. Drucker, *The Five Most Important Questions You Will Ever Ask About Your Nonprofit Organization* (San Francisco: Jossey-Bass, 1993), SAT1. Die Fußnoten beziehen sich auf die Seitenzahlen.

1	S. 3	16	S. 26	31	S. 36	46	S. 54
2	S. 15	17	S. 26	32	S. 37	47	S. 54
3	S. 15	18	S. 26	33	S. 34	48	S. 55
4	S. 15	19	S. 26	34	S. 44	49	S. 55
5	S. 15	20	S. 26	35	S. 44	50	S. 56
6	S. 15	21	S. 26	36	S. 45	51	S. 57
7	S. 18	22	S. 27	37	S. 45	52	S. 57
8	S. 18	23	S. 27	38	S. 45	53	S. 57
9	S. 18	24	S. 27	39	S. 46	54	S. 57
10	S. 19	25	S. 28	40	S. 46	55	S. 57
11	S. 19	26	S. 28	41	S. 46	56	S. 60
12	S. 24	27	S. 33	42	S. 47	57	S. 58
13	S. 24	28	S. 33	43	S. 47	58	S. 58
14	S. 26	29	S. 34	44	S. 48	59	S. 58
15	S. 26	30	S. 35	45	S. 54	60	S. 58

Der Text, der nicht Peter F. Drucker in Form einer Fußnote zuzuschreiben ist, wurde von den Schulungsleiterinnen Maria Carpenter Ort und Tamara Woodbury beigesteuert – die sich ausgiebig mit Druckers Erstauflage *Die fünf entscheidenden Fragen* beschäftigt haben – zusammen mit Projektredakteur Peter Economy, um allgemeine Situationen anzusprechen, die nicht vom Originaltext Druckers abgedeckt werden.

Glossar

Ablaufschritte: Detaillierte Pläne und Aktivitäten, die darauf ausgerichtet sind, die Ziele einer Organisation zu erreichen.
Auswertung: Prozess zur Kontrolle des Fortschritts beim Erfüllen von Zielen und Erreichen von Ergebnissen; Punkt, an dem die Pläne zur Erreichung von Zielvereinbarungen vielleicht modifiziert werden müssen, basierend auf Erfahrung oder veränderten Bedingungen.
Budget: Der Kapitaleinsatz, der zur Implementierung von Plänen nötig ist – finanzieller Ausdruck eines bestimmten Arbeitsplans.
Ergebnisse: Endresultat der Organisation. Wird definiert als Veränderung von Leben – bezogen auf das Verhalten der Menschen, ihre Lebensumstände, Gesundheit, Hoffnungen, Kompetenz oder Leistungsfähigkeit. Ergebnisse liegen immer *außerhalb* der Organisation.
Kunden: Jene, die zufriedengestellt werden müssen, wenn die Organisation Erfolg erzielen will. Der *Hauptkunde* ist die Person, dessen Leben durch die Arbeit der Organisation verändert wird. *Nebenkunden* sind Ehrenamtliche, Mitglieder, Partner, Geldgeber, Empfehlungsquellen, Angestellte und andere, die zufriedengestellt werden müssen.

Kundennutzen: Das, was die *Bedürfnisse* des Kunden (sein physisches und psychisches Wohlergehen), seine *Wünsche* (wo, wann und wie Dienstleistung erboten wird) und *Sehnsüchte* (die ersehnten langfristigen Ergebnisse) befriedigt.

Mission/Auftrag: Warum man tut, was man tut: der Daseinsgrund der Organisation, ihr Zweck. Die Mission artikuliert, wofür man den Menschen am Ende im Gedächtnis bleiben will.

Plan: Ihre beabsichtigte Methode, um die grundlegenden Ziele, die Zielvorgaben und die Ablaufschritte der Organisation zu erreichen. Um effektiv zu sein, müssen Pläne feste Solldaten für die Fertigstellung enthalten, außerdem bestimmte Einzelpersonen nennen, die verantwortlich und rechenschaftspflichtig für das Erreichen und die Vollendung von Zielen, Zwischenzielen und Ablaufschritten sind, sowie die dafür benötigten Ressourcen (Arbeitskräfte und Geld) aufführen.*

Tiefenbefragung: Einzelgespräche, die genutzt werden, um die Einsichten einer ausgewählten Gruppe von Personen innerhalb der Organisation zu beleuchten. Befragungsergebnisse bieten einen Prüfstein für Gruppendiskussionen und Entscheidungsfindung.

Vision: Ein Bild von der erwünschten Zukunft der Organisation.

Ziele (grundlegende): Ein Satz von drei bis fünf Zielsetzungen, welche die grundsätzliche, langfristige Richtung der Organisation vorgeben.

Zielvereinbarungen: Genau bezeichnete und messbare Ebenen der Zielrealisierung.

Anmerkung

Mit Ausnahme von (*), stammt der vorangehende Text aus: Peter F. Drucker, *The Drucker Foundation Self-Assessment Tool: Participant Workbook* (San Francisco: Jossey-Bass, 1999), SAT2, S. 9–10.

Zu den Mitwirkenden

Jim Collins ist einer der größten Vordenker seiner Generation. Er untersucht und berät eingeführte, große Unternehmen – erforscht, wie sie wachsen, wie sie überdurchschnittliche Leistungen erzielen und auf welche Weise gute Unternehmen zu großartigen Unternehmen werden können. Er ist Autor von betriebswirtschaftlichen Klassikern wie *Der Weg zu den Besten* und *Immer erfolgreich* und der Analyse *Good to Great and the Social Sectors*. Besuchen Sie seine Internetseite unter www.jimcollins.com.

Philip Kotler ist *S.C. Johnson & Son Distinguished Professor for International Marketing* an der *Northwestern University Kellog Graduate School of Management* in Chicago und hat gemeinsam mit Nancy Lee das Buch *Corporate Social Responsibility: Doing the Most Good for Your Company and Cause* geschrieben. Besuchen Sie die Internetseite der Kotler Marketing-Gruppe unter www.kotlermarketing.com.

James Kouzes verfasste gemeinsam mit Barry Posner den preisgekrönten Bestseller *The Leadership Challenge*, von dem über eine Million Exemplare verkauft wurden. Er ist auch leitendes Mitglied des *Center for Innovation and Entrepreneurship, Leavey School of Business, Santa Clara University*. Besuchen Sie die Kouzes-Posner Internetseite unter www.kouzesposner.com.

Judith Rodin ist seit März 2005 Präsidentin der Rockefeller-Stiftung. Dr. Rodin, wegweisende Forscherin auf dem Gebiet der Psychologie, war zuvor Präsidentin der *University of Pennsylvania* und damit die erste Frau, die einer der Eliteuniversitäten im Nordosten der USA vorstand. Davor hatte sie die Universität Yale geleitet. Besuchen Sie die Internetseite der Rockefeller Foundation unter www.rockfound.org.

V. Kasturi Rangan ist *Malcolm P. McNair Professor of Marketing* an der *Harvard Business School* und hat gemeinsam mit Marie Bell *Transforming Your Go-to-Market Stretegy: The Three Disciplines of Channel Management* verfasst. Bis vor kurzem Vorsitzender des *Marketing Department* (1998–2002), ist er jetzt Mitvorsitzender der *Social Enterprise Initiative* der *Harvard Business School*.

Frances Hesselbein ist Gründungspräsidentin und Vorsitzende des *Leader to Leader Institute*, ehemals *Peter F. Drucker Foundation for Nonprofit Management*. Sie war CEO der Girl Scouts of the USA und erhielt mit der *Presidential Medal of Freedom* die höchste zivile Ehrenauszeichnung der USA. Sie ist Autorin von *Hesselbein on Leadership* und Mitverfasserin zwanzig weiterer Bücher, darunter *Be, Know, Do*, sowie Chefredakteurin der preisgekrönten Fachzeitschrift *Leader to Leader*.

Über das Leader to Leader Institute

Gegründet 1990 als *Peter F. Drucker Foundation for Nonprofit Management*, treibt das *Leader to Leader Institute* dessen Mission weiter voran – die Stärkung der Führung im sozialen Sektor – indem Führungskräften im sozialen Sektor grundlegendes Führungswissen, Inspiration und Ressourcen zur Verfügung gestellt werden, damit sie Innovation vorantreiben und dynamische Organisationen des sozialen Sektors aufbauen können. Es ist dieser wichtige soziale Bereich, der in Zusammenarbeit mit Partnern in privaten und öffentlichen Bereichen das Leben der Menschen verändert und eine Gesellschaft mit gesunden Kindern, starken Familien, guten Schulen, anständigen Wohnungen, sicheren Wohngegenden und menschenwürdiger Arbeit schafft, wobei dies alles begrüßt wird von der facettenreichen, alles umfassenden, bindenden Gemeinschaft, die sich um all diese Menschen kümmert.

Das *Leader to Leader Institute* bietet innovative und sachdienliche Ressourcen, Produkte und Erfahrungen, die zukünftige Führungskräfte befähigen, sich mit aufkommenden Chancen und Herausforderungen zu beschäftigen. Mit dem Ziel, Organisationen des sozialen Sektors zu hervorragenden Leistungen zu führen, hat das Institut mehr als 400 große Vordenker zusammengebracht, die bislang 23 Bücher publiziert haben, die in 28 Sprachen erhältlich sind, dazu erscheint vierteljährlich die Zeitschrift *Leader to Leader*. Diese Zeitschrift, die den *Apex Award* gewonnen hat, ist ein unverzichtbares Hilfsmittel für Führungskräfte in Privatwirtschaft, Regierung und im sozialen Sektor – für Führungskräfte der Zukunft.

Das *Leader to Leader Institute* beschäftigt Führungskräfte aus dem sozialen Sektor in bereichsübergreifenden Partnerschaften, um neue und bedeutsame Gelegenheiten für Lernen und Wachstum zu bieten. Es koordiniert einzigartige Gipfeltreffen auf höchster Ebene für Führungskräfte aus allen drei Bereichen und bietet Arbeitstagungen und Konferenzen für Führungskräfte des sozialen Sektors zu Führung, Selbsteinschätzung und bereichsübergreifenden Partnerschaften.

Aufbauend auf seinem Vermächtnis der Innovation, erkundet das *Leader to Leader Institute* neue Methoden, um die Führung des sozialen Sektors zu stärken. Mit dem Talent und der Inspiration, die sich aus solch unterschiedlichen Quellen wie Städteplanungsgremien, Aufsichtsräten bis hin zu Vertretern der US-Armee zusammensetzen, hilft das Institut Organisationen des sozialen Bereichs, neue Führungskräfte zu akquirieren, die neue Wege des Managements beschreiten, die den Wandel begrüßen und die bereit und willens sind, überlebte Praktiken aufzugeben.

Danksagungen

Wir vom *Leader to Leader Institute* möchten all jenen unseren tiefen Dank ausdrücken, die halfen, dieses Werk zur Vollendung zu bringen: Peter Drucker, Jim Collins, Philip Kotler, James Kouzes, Judith Rodin, V. Kasturi Rangan, Frances Hesselbein, Peter Economy, Jeong Bae, Jeannie Radbill, Maria Carpenter Ort, Tamara Woodbury, Peggy Outon, Bruce und Anne Turley, Dr. Denise Rothman Hinden, den Teilnehmern der Klausurtagung zur Neubearbeitung des Selbsteinschätzungs-Instruments von 2006, den Teilnehmern der Klausurtagung zur Nachbearbeitung des *Selbsteinschätzungs-Instruments* von 2007, und Constance Rossum für ihre Beiträge beim Verfassen der ersten Ausgabe von *Die fünf entscheidenden Fragen* im Jahr 1993.

Und wir sind drei sehr engen und zuverlässigen Freunden und Kollegen des verstorbenen Peter Drucker überaus dankbar, die finanzielle Mittel beisteuerten, um diese Ausgabe des Selbsteinschätzungs-Instruments voranzutreiben und zu veröffentlichen: Bob Buford, Bill Pollard und David Jones. Wir danken Ihnen aus tiefstem Herzen. Ohne ihre Unterstützung und Freundschaft hätten wir dieses wichtige Unternehmen nicht bewerkstelligen können, und ihre Großzügigkeit wird über Jahre hinweg einen Einfluss auf das Leben der Menschen rund um die Welt haben.

Ergänzende Quellen

Das Leader to Leader Institute
- www.leadertoleader.org
- Frances Hesselbein & Alan Shrader, *Leader to Leader 2: Enduring Insights on Leadership from the Leader to Leader Institute's Award-Winning Journal*. San Francisco: Jossey-Bass, 2007.
- Frances Hesselbein & Marshall Goldsmith, *The Leader of the Future 2: Visions, Strategies, and Practices for the New Era*. San Francisco, Jossey-Bass, 2006.

Das Leader-to-Leader-Selbsteinschätzungs-Instrument
- Besuchen Sie das Instrument unter www.fivequestionsbook.com.
- James G. Dalton, Jennifer Jarratt & John Mahaffie, *From Scan to Plan: Integrating Trends into the Strategy Making Process*. Washington, D.C.: ASAE and the Center for Association Leadership, 2003.
- www.asaecenter.org/files/FileDownloads/FromScantoPlan.pdf

Peter F. Drucker
- www.druckerarchives.net
- Peter F. Drucker & Joseph A. Maciarello, *The Effective Executive in Action: A Journal for Getting the Right Things Done*. New York: HarperBusiness, 2005.
- Peter F. Drucker, *The Essential Drucker: The Best of Sixty Years of Peter Drucker's Essential Writings on Management*. New York: HarperBusiness, 2003.
- Peter F. Drucker, *Managing in a Time of Great Change*. New York: Truman Tally Books, 1995.
- Peter F. Drucker, *Management: Tasks, Responsibilities, Practices*. New York: HarperBusiness, 1993.
- Peter F. Drucker, *Managing the Non-Profit Organization: Practices and Principles*. New York: HarperCollins, 1992.
- Peter F. Drucker, *Alles über Management*. Redline Wirtschaftsverlag, 2007.
- Peter F. Drucker, *Was ist Management? Das Beste aus 50 Jahren*. Econ, 2002.

Jim Collins
- www.jimcollins.com
- Jim Collins, *Good to Great and the Social Sectors*. New York: HarperCollins, 2005.
- Jim Collins, *Good to Great: Why Some Companies Make the Leap ... and Others Don't*. New York: Harper Business, 2001.
- Jim Collins: *Der Weg zu den Besten: Die sieben Management-Prinzipien für dauerhaften Unternehmenserfolg*. Dtv, 2003.

- Jim Collins & Jerry Porras, *Built to Last: Successful Habits of Visionary Companies*. New York: Harper Business, 1994.
- Jim Collins & Jerry Porras, *Immer erfolgreich*. Dtv, 2005.

Philip Kotler
- www.kotlermarketing.com
- Philip Kotler & Kevin Lane Keller, *Marketing Management, 12th Edition*. Upper Saddle River, N.J.: Prentice Hall, 2005 (dt. Ausgabe: Marketing-Management: Strategien für wertschaffendes Handeln. Pearson Studium, 2007).
- Philip Kotler, *According to Kotler: The World's Foremost Authority on Marketing Answers Your Questions*. New York: AMACOM, 2005.
- Philip Kotler & Nancy Lee, *Corporate Social Responsibility: Doing the Most Good for Your Company and Cause*. Hoboken, N.J.: Wiley, 2004.
- Philip Kotler, *Kotler on Marketing: How to Create, Win, and Dominate Markets*. New York: Free Press, 2001.

James Kouzes
- www.kouzesposner.com
- James M. Kouzes & Barry Z. Posner, *The Leadership Challenge, 4th Edition*. San Francisco: Jossey-Bass, 2007.
- James M. Kouzes & Barry Z. Posner, *A Leader's Legacy*. San Francisco: Jossey-Bass, 2006.
- James M. Kouzes & Barry Z. Posner, *Encouraging the Heart: A Leader's Guide to Rewarding and Recognizing Others*. San Francisco: Jossey-Bass, 2003.

Judith Rodin
- www.rockfound.org
- Judith Rodin, *The University and Urban Revival: Out of the Ivory Tower and into the Streets*. Philadelphia: University of Pennsylvania Press, 2007.
- Judith Rodin & Stephen P. Steinberg, Hrsg., *Public Discourse in America: Conversation and Community in the Twenty-First Century*. Philadelphia: University of Pennsylvania Press, 2003.

V. Kasturi Rangan
- http://hbswk.hbs.edu/faculty/vrangan.html
- V. Kasturi Rangan & Marie Bell, *Transforming Your Go-to-Market Strategy: The Three Disciplines of Channel Management*. Boston: Harvard Business School Press, 2006.
- Rajiv Lal, John Quelch & V. Kasturi Rangan, *Marketing Management: Text and Cases*. New York: McGraw-Hill, 2004.

Stichwortverzeichnis

a

Ablaufschritte 167
Aktionsplan *siehe* Planung
American Institute of
 Architects 136
Analyse 101, 114, 122
Aristoteles 29
Armee, US-amerika-
 nische 136, 175
Assessment-Team
 (Bewertungs-Team) 145
Aufgeben
 – von Dingen, die nicht
  funktionieren 91,
  122, 140
 – geplantes 140
Augustinus, Hl. 117
Auswertung, Pläne/Ergeb-
 nisse 167

b

Beeinflusser 69
Budget 167

Bright China Management
 Institute 135

c

Chevron 136
Collins, J. 13, 47, 171, 180 f.

d

De Pree, M. 140
Dissens, konstruktiver 29
Donne, J. 45
Drucker Foundation 8,
 24, 173 *siehe* Leader to
 Leader Insitute
Drucker, Peter F. 7 f., 12,
 15, 17 ff., 23, 37 ff., 55 ff.,
 67 f., 73 ff., 91 ff., 111 ff.,
 129, 138, 145 ff., 149, 180

e

Empowerment 17, 141
Entscheidungen
 treffen 28, 31

- Bedeutung prinzipientreuer Entscheidungen 44
- darüber, wo Risiken eingegangen werden 121
- Unterstützen von konstruktivem Dissens währenddessen 29
- vorherige Analyse durchführen 114

Ergebnisse 9, 11, 28 f., 45, 89 ff., 167
- kurzfristige vollbrachte Leistungen/langfristige Veränderungen 94
- qualitative und quantitative Maßstäbe für 96, 159
- Ressourcenbelegung einschätzen, basierend auf 93
- Verantwortlichkeit der Führung für 100 f., 124

f

Fokussierung, Konzept der 57, 128
Führung *siehe* Leadership und Transformative Führung

g

Gemeinnützige Organisationen 23
- Ergebnisse 24, 99, 103
- Hierarchie untersagen in 139
- Kunden von 27, 57 f.
- Leben der Menschen verändern als Mission von 39, 162

General Electric 67
Gesellschaft
- Bürger hervorbringen für die zukünftige 31 f.
- -svision der Drucker Stiftung 115

Girl Scouts of the USA 50, 61 f.

h

Hauptkunden 58, 155 f.
- Beschreibung und Identifizierung der 59, 155 f.

Heilige Kühe 140
Heilsarmee 136
Herman Miller 140
Hesselbein, F. 15, 50, 61, 135, 172
Hierarchie 139
Hypothesen

- sich auf Informationen verlassen statt auf 137
- darüber, worauf Kunden Wert legen 77

i

Initiatoren 69
Innovation 30, 47, 120, 175
Internationales Rotes Kreuz 138

j

Jüdische Diaspora 49

k

Kommunikation
- konstruktiver Dissens 29
- Macht der beständigen und klaren 140
- Zuhören als Element der 31, 87 f.

Kotler, P. 14, 67, 77, 171, 181
Kouzes, J. 14, 83, 171, 181 f.
Kunden 167
- Haupt-/Neben- 58 f., 155 f.
- ihnen zuhören 31, 87 f., 2, 52, 23
- ihre Identität ermitteln 155

Kundenerfahrung 70
Kundennutzen 168
Kundenzufriedenheitshypothesen 77

l

Leader to Leader Institute 22, 24, 137, 173 ff., 177, 179 *Siehe* Drucker Foundation
Leadership
- Ändern der Verantwortlichkeit von 141
- Kernmission als Leitgedanke für 32
- Selbsteinschätzung als Erfordernis für 31 f.
- transformative Führung 135

Leistungseinschätzung 10, 25, 142
Leitbild 41, 113 f., 123, 138
- Annahme eines 123
- Beispiel des Internationalen Roten Kreuzes 138
- Beispiel eines Kunstmuseums 116 f.
- das Leben der Menschen veränderndes 39

185

- Eigenschaften eines effektiven 41
- Organisationsplan, der es umfasst 10
- Selbsteinschätzungsprozess, der in Bezug gesetzt wird zum 101
- Überdenken des 31, 137

m

Management
- als Anforderung an gemeinnützige Unternehmen 23
- Zielvereinbarungen als Verantwortlichkeit des 117 f.
- Kundenbeziehungs– 70

Maßstäbe, qualitativ/quantitativ 96, 160

Maryland, P. 83

Mission 9 ff., 24 f., 32, 35, 41, 44 f., 47 f., 51, 142 f., 149, 168
- Beispiele 40, 95, 137, 173
- überdenken 137

Mitverantwortung *siehe* Empowerment

Monitoring 132

n

Nebenkunden 58, 155

p

Praktik des »planmäßigen Aufgebens« 140

Planung/Pläne 10, 168
- als ständiger Prozess 28, 133
- Beschreibung 169
- fünf Elemente effektiver 119 ff.
- gefährliche Klippen der gemeinnützigen 106
- unbeirrt in der Richtung, aber flexibel in der Ausführung 130 f.
- Verständnis und Mitverantwortungsgefühl dafür wecken 133
- von Veränderung 137, 142

Pfadfinderinnen USA *siehe* Girl Scouts of the USA

Programme
- einschätzen, was verändert werden muss 31
- Entscheidungen über das Aufgeben von 122

- Monitoring zur Verbesserung 132
- Praktizieren von »planmäßigem Aufgeben« der 140
- *Siehe auch* Kunden; Gemeinnützige Organisationen

r

Rangan, V. K. 14, 127, 172, 182
Risikoübernahme 121
Rodin, J. 14, 103, 172, 182

s

Selbsteinschätzungsprozess
- angewandt auf die Mission 26
- Beschreibung und Funktionen des 9, 25
- der zu einem effektiven Plan führt 113
- einen Plan formulieren mit Hilfe des 28
- fünf grundlegende Fragen gestellt während des 7 f.
- Leistungen einschätzen durch 145
- regelmäßig und kontinuierlich 124
- um den Kunden zu ermitteln 58
- um Ergebnisse zu bewerten 101
- umfassende Teilnahme benötigt für 146
- um zu ermitteln, worauf der Kunde Wert legt 81

Selbsteinschätzungsinstrument (*Self-Assessment Tool*) 11, 130, 145, 179
Sinai-Grace-Hospital (Michigan) 83, 87

t

Tiefenbefragung 168
Transformative Führung 135 f.
- Abfragen der Umgebung als Aufgabe von 137
- hierarchisches Gefüge auflösen als Aufgabe von 139
- Infragestellen von Prinzipien als Aufgabe von 140
- Leistungsbewertung als Aufgabe von 142

- Nutzung der Macht der Sprache als Aufgabe von 140 f.
- Überdenken der Mission als Aufgabe von 137 f.
- *Siehe auch* Unternehmenswandel

u

Unternehmenswandel
- Einschätzen, was ihm unterzogen werden muss 99
- kurzfristige und langfristige Leistungen 94
- qualitative und quantitative Maßstäbe von 96
- Rolle der Planung für 137, 142
- Verantwortlichkeit der Führung für 140
- *Siehe auch* Gemeinnützige Organisationen; Transformative Führung

Unabhängigkeitserklärung der USA 49

v

Verantwortlichkeit
- für Zielvereinbarungen einführen 122
- und Führung 141

Verantwortungsübertragung auf Untergebene *siehe* Empowerment

Vertrauen 29, 86

Verzicht, geplanter 140

Vision 10, 31, 136, 147, 168
- Beispiel eines Kunstmuseums 97
- Organisationsplan, der sie umfasst 28, 113
- *Siehe auch* Leitbild

w

Welch, J. 67

z

Ziele 168
- am Beispiel eines Kunstmuseums 116
- Ausrichtung von Planung auf 115
- Gestaltung weniger, übergreifender 115, 168
- strategische 127 ff.

Zielvereinbarungen 168

- als Bestandteil des Organisationsplans   113, 125
- Schaffung von messbaren und konkreten   11

- Verantwortlichkeiten festlegen für   118

Zuhören
- Ausweiten der Vision durch   31
- den Kunden   31, 87 f.